中国国情调研丛书·村庄卷
China's National Conditions Survey Series · Vol. Villages

主　编　蔡　昉
　　　　张晓山

城乡一体化之路有多远
——成都市郫都区战旗村

How Far Is the Way of Urban-rural Integration:
Based on the Survey of Zhanqi Village, Pidu District, Chengdu City

屈小博　程　杰　陆　旸
赵　文　杨　舸　　　著

中国社会科学出版社

图书在版编目(CIP)数据

城乡一体化之路有多远：成都市郫都区战旗村 / 屈小博等著.
—北京：中国社会科学出版社，2019.9

（中国国情调研丛书·村庄卷）

ISBN 978-7-5203-3219-4

Ⅰ.①城… Ⅱ.①屈… Ⅲ.①城乡一体化—发展—研究—郫县 Ⅳ.①F299.277.14

中国版本图书馆 CIP 数据核字（2018）第 220420 号

出 版 人	赵剑英
责任编辑	任　明
责任校对	张依婧
责任印制	李寡寡

出　　版	中国社会科学出版社
社　　址	北京鼓楼西大街甲 158 号
邮　　编	100720
网　　址	http://www.csspw.cn
发 行 部	010-84083685
门 市 部	010-84029450
经　　销	新华书店及其他书店
印刷装订	北京君升印刷有限公司
版　　次	2019 年 9 月第 1 版
印　　次	2019 年 9 月第 1 次印刷
开　　本	710×1000　1/16
印　　张	15.75
插　　页	2
字　　数	203 千字
定　　价	88.00 元

凡购买中国社会科学出版社图书，如有质量问题请与本社营销中心联系调换
电话：010-84083683
版权所有　侵权必究

总　　序

为了贯彻党中央的指示，充分发挥中国社会科学院思想库和智囊团作用，进一步推进理论创新，提高哲学社会科学研究水平，2006年中国社会科学院开始实施"国情调研"项目。

改革开放以来，尤其是经历了40年的改革开放进程，我国已经进入了一个新的历史时期，我国的国情发生了很大变化。从经济国情角度看，伴随着市场化改革的深入和工业化进程的推进，我国经济实现了连续40年高速增长。我国已经具有庞大的经济总量，整体经济实力显著增强，到2006年，我国国内生产总值达到209407亿元人民币，约合2.67万亿美元，列世界第四位；我国经济结构也得到优化，产业结构不断升级，第一产业产值的比重从1978年的27.9%下降到2006年的11.8%，第三产业产值的比重从1978年的24.2%上升到2006年的39.5%；2006年，我国实际利用外资为630.21亿美元，列世界第四位，进出口总额达1.76万亿美元，列世界第三位；我国人民生活不断改善，城市化水平不断提升。2006年，我国城镇居民家庭人均可支配收入从1978年的343.4元人民币上升到11759元人民币，恩格尔系数从57.5%下降到35.8%，农村居民家庭人均纯收入从133.6元人民币上升到3587

元人民币，恩格尔系数从67.7%下降到43%，人口城市化率从1978年的17.92%上升到2006年的43.9%以上。经济的高速发展，必然引起国情的变化。我们的研究表明，我国已经逐渐从一个农业经济大国转变为一个工业经济大国。但是，这只是从总体上对我国经济国情的分析判断，还缺少对我国经济国情变化分析的微观基础。这需要对我国基层单位进行详细的分析研究。实际上，深入基层进行调查研究，坚持理论与实际相结合，由此制定和执行正确的路线方针政策，是我们党领导革命、建设与改革的基本经验和基本工作方法。进行国情调研，也必须深入基层，只有深入基层，才能真正了解我国国情。

为此，中国社会科学院经济学部组织了针对我国企业、乡镇和村庄三类基层单位的国情调研活动。据国家统计局的最近一次普查，到2005年底，我国有国有农场0.19万家，国有以及规模以上非国有工业企业27.18万家，建筑业企业5.88万家；乡政府1.66万个，镇政府1.89万个，村民委员会64.01万个。这些基层单位是我国社会经济的细胞，是我国经济运行和社会进步的基础。要真正了解我国国情，必须对这些基层单位的构成要素、体制结构、运行机制以及生存发展状况进行深入的调查研究。

在国情调研的具体组织方面，中国社会科学院经济学部组织的调研由我牵头，第一期安排了三个大的长期的调研项目，分别是"中国企业调研""中国乡镇调研""中国村庄调研"。"中国乡镇调研"由刘树成同志和吴太昌同志具体负责，"中国村庄调研"由张晓山同志和蔡昉同志具体负责，"中国企业调研"由我和黄群慧同志具体负责。第一期项目时间为三年（2006—2008年），每个项目至少选择30个调研对象。经过一年多的调查研究，这些调研活动已经取得了初步成果，分别形成了《中国国情调研丛书·企业卷》《中国国情调研丛书·乡镇卷》《中国国情调研丛书·村庄卷》。今后这三个国情调研项目的调研成果，还会陆续收录到这三部书中。

我们期望，通过《中国国情调研丛书·企业卷》《中国国情调研丛书·乡镇卷》《中国国情调研丛书·村庄卷》这三部书，能够在一定程度上反映和描述在21世纪初期工业化、市场化、国际化和信息化的背景下，我国企业、乡镇和村庄的发展变化。

国情调研是一个需要不断进行的过程，今后我们还会在第一期国情调研项目的基础上将这三个国情调研项目滚动开展下去，全面持续地反映我国基层单位的发展变化，为国家的科学决策服务，为提高科研水平服务，为社会科学理论创新服务。《中国国情调研丛书·企业卷》《中国国情调研丛书·乡镇卷》《中国国情调研丛书·村庄卷》这三部书也会在此基础上不断丰富和完善。

陈佳贵
2007年9月

编者的话

2006年中国社会科学院开始启动和实施"国情调研"项目。中国社会科学院经济学部组织的调研第一期安排了三个大的长期调研项目，分别是"中国企业调研""中国乡镇调研""中国村庄调研"。第一期项目时间为三年（2006—2008年），每个项目至少选择30个调研对象。

经济学部国情调研的村庄调研工作由农村发展研究所（以下简称"农发所"）和人口与劳动经济研究所牵头，负责组织协调和从事一些基础性工作。农发所张晓山同志和人口与劳动经济研究所的蔡昉同志总体负责，工作小组设在农发所科研处，项目资金由农发所财务统一管理。第一期项目（2006—2008年）共选择30个村庄作为调研对象。2010年，在第一期国情调研村庄项目的基础上，中国社会科学院经济学部又组织开展了第二期国情调研村庄项目。第二期项目时间仍为三年（2010—2012年），仍选择30个村庄作为调研对象。

农发所、人口与劳动经济研究所以及中国社会科学院其他所的科研人员过去做了很多村庄调查，但是像这次这样在一个统一的框架下，大规模、多点、多时期的调查还是很少见的。此次村庄调查的目的是以我国东中西部不同类型、社会经济发展各异的村庄为调查对象，对每个调查的村庄撰写一部独立的书稿。通过问卷调查、深度访谈、查阅村情历史资料等田野式调查方法，详尽反映村庄的农业生产、农村经济运行和农民生活的基本状况及其变化趋势、农村生产要素的配置效率及其变化、乡村治理的现状与变化趋势、农村剩余劳动力转移的现状与趋势、农村社会发展状况等问题。调研成果一方面旨在为更加深入地进行中国农村研究积累村情案例资料和数据库；另一方面旨在真实准确地反映40年来中国农村经济变迁的深刻变化及存在问题，为国家制定科学的农村发展战略决策提供更有效的服务。

为了圆满地完成调查，达到系统翔实地掌握农村基层经济社会数据的预定目标，工作小组做了大量的工作，包括项目选择、时间安排、问卷设计和调整、经费管理等各个方面。调查内容包括"规定动作"和"自选动作"两部分，前者指各个课题组必须进行的基础性调查，这是今后进行比较研究和共享数据资源的基础；后者指各个课题组从自身研究兴趣偏好出发，在基础性调查之外进行的村庄专题研究。

使用统一的问卷，完成对一定数量农户和对调查村的问卷调查是基础性调查的主要内容，也是确保村庄调查在统一框架下开展、实现系统收集农村基本经济社会信息的主要途径。作为前期准备工作中最重要的组成部分之一，问卷设计的质量直接影响到后期分析和项目整体目标的实现。为此，2006年8月初，农发所组织所里各方面专家设计出调查问卷的初稿，包括村问卷、农户问卷等。其中，村问卷是针对调查村情况的详细调查，涉及村基本特征、土地情况、经济活动情况、社区基础设施与社会服务供给情况等十三大类近500个指标；农户问卷是对抽样农户详细情况的调查，涉及农户人口与就业信息、农户财产拥有与生活质量状况、教育、医疗及社会保障状况等九大类，也有近500个指标。按照计划，抽样方法是村总户数在500户以上的抽取45户，500户以下的抽取30户。抽样方法是首先将全村农户按经济收入水平好、中、差分为三等，其次在三组间平均分配抽取农户的数量，各组内随机抽取。问卷设计过程中，既考虑到与第二次农业普查数据对比的需要，又吸取了所内科研人员和其他兄弟所科研人员多年来的村庄调查经验，并紧密结合当前新农村建设中显露出来的热点问题和重点问题。问卷初稿设计出来之后，农发所和人口与劳动经济研究所的科研人员共同讨论修改，此后又就其中的每个细节与各课题组进行了集体或单独的讨论，历时半年，经过四五次较大修改之后，才定稿印刷，作为第一期村庄调研项目统一的农户基础问卷。

在第二期村庄调研项目启动之前，根据第一期调研中反映的问题，工作小组对村问卷和农户问卷进行了修订，以便更好地适应实际调研工作的需要。今后，随着农村社会经济形势的发展，本着"大稳定、小调整"的原则，还将对问卷内容继续进行修订和完善。

在项目资金方面，由于实行统一的财务管理，农发所财务工作的负担相对提高，同时也增加了管理的难度，工作小组也就此做了许多协调工作，保障了各分课题的顺利开展。

到2010年7月为止，第一期30个村庄调研已经结项23个；每个村庄调研形成一本独立的书稿，现已经完成11部书稿，正在付梓的有5部。第一期村庄调查形成的数据库已经收入22个村1042户的基础数据。

国情调研村庄调查形成的数据库是各子课题组成员共同努力的成果。对数据库的使用，我们有以下规定：(1) 数据库知识产权归集体所有。各子课题组及其成员，服务于子课题研究需要，可共享使用数据资料，并须在相关成果关于数据来源的说明中，统一注明"中国社会科学院国情调研村庄调查项目数据库"。(2) 为保护被调查人的权益，对数据库所有资料的使用应仅限于学术研究，不得用于商业及其他用途，也不得以任何形式传播、泄露受访者的信息和隐私。(3) 为保护课题组成员的集体知识产权和劳动成果, 未经国情调研村庄调查项目总负责人的同意和授权, 任何人不得私自将数据库向课题组以外人员传播和应用。

国情调研是中国社会科学院开展的一项重大战略任务。其中村庄调研是国情调研的重要组成部分。在开展调研四年之后, 我们回顾这项工作, 感到对所选定村的入户调查如只进行一年, 其重要性还体现得不够充分。如果在村调研经费中能拨出一部分专项经费用于跟踪调查, 由参与调研的人员在调研过程中在当地物色相对稳定、素质较高、较认真负责的兼职调查员, 在对这些人进行培训之后, 请这些人在此后的年份按照村问卷和农户问卷对调查村和原有的被调查的农户开展跟踪调查, 完成问卷的填写。坚持数年之后, 这个数据库将更具价值。

在进行村调研的过程中, 也可以考虑物色一些有代表性的村庄, 与之建立长远的合作关系, 使它们成为中国社会科学院的村级调研基地。

衷心希望读者对村庄调研工作提出宝贵意见, 也希望参与过村庄调研的同志能与大家分享其宝贵经验, 提出改进工作的建议。让我们共同努力, 把这项工作做得更好。

编者

2010 年 7 月 28 日

目　　录

第一章　导言 …………………………………………………（1）
　一　研究目的与研究意义 ……………………………………（1）
　二　基本情况——人口、地理、经济特征与城乡发展
　　　现状 ………………………………………………………（2）
　三　城乡统筹改革实施的进展与评价：一个村庄的视角 …（9）
第二章　农村土地产权改革与城乡统筹 ……………………（15）
　一　土地产权改革的大背景：经济发展和土地产权之间
　　　的矛盾 ……………………………………………………（16）
　二　土地产权改革制度安排——承包地与宅基地确权 ……（25）
　三　土地改革的实施 …………………………………………（28）
　四　效果评价与存在问题——总结战旗村土地改革
　　　模式 ………………………………………………………（50）
　五　本章小结 …………………………………………………（51）
第三章　土地规划、集中居住与城乡统筹：一个村庄的
　　　　视野 ……………………………………………………（54）
　一　土地整理规划 ……………………………………………（55）
　二　拆院并院 …………………………………………………（58）

三　新型社区建设项目 ………………………………………（63）
　　四　社区住房筹资、补偿标准与分配方案 …………………（71）
　　五　效果评价与存在问题 ……………………………………（81）
　　六　本章小结 …………………………………………………（84）

第四章　基础设施与农村社区管理 …………………………………（99）
　　一　农村基础设施 ……………………………………………（100）
　　二　生态环境综合治理 ………………………………………（105）
　　三　农村公共文化建设 ………………………………………（107）
　　四　新型社区管理 ……………………………………………（123）
　　五　村庄社会管理 ……………………………………………（137）
　　六　本章小结 …………………………………………………（145）

第五章　农村产业、就业与村级经济发展状况 ……………………（153）
　　一　现代农业产业化发展道路 ………………………………（153）
　　二　蔬菜合作社与现代农业产业园 …………………………（161）
　　三　新时期的产业发展规划战略 ……………………………（171）
　　四　村民收入与就业情况 ……………………………………（176）
　　五　本章小结 …………………………………………………（191）

第六章　基本公共服务与社会保障 …………………………………（194）
　　一　村级基本公共服务：成都市域的经验与探索 …………（195）
　　二　基本公共服务：成都城乡统筹改革后的考察 …………（202）
　　三　农村低保与社会救助状况：瞄准、覆盖与架构 ………（217）
　　四　推动农村基本公共服务一体化的经验：条件与
　　　　政策建议 …………………………………………………（221）

第七章　城乡一体化均衡发展的理论经验与启示 …………………（228）
　　一　城乡一体化实践发展的一般性与特殊性 ………………（229）
　　二　农村土地产权改革与制度创新 …………………………（230）
　　三　坚持城乡统筹规划的统领地位 …………………………（231）
　　四　村级公共服务和社会管理与农村基层民主治理 ………（232）

五　涉农投融资创新与实践……………………………………（235）
参考文献……………………………………………………………（237）

第一章

导　言

一　研究目的与研究意义

本调研报告的目的是试图从一个村庄的微观视角，即通过对成都市郫县唐昌镇战旗村深入详细的案例分析研究，层层剖析这个典型村庄的城乡统筹发展过程、具体事例以及所涉及的村级管理与实践做法等，来映射和反映成都市城乡统筹改革的变化、过程、经验及存在的一些问题，从而总结出对推进城乡一体化改革进程有益的理论概括、政策建议和有效的实践做法。调研报告主要从农户和村级的统计资料、访谈资料和个案来描述、分析和总结成都城乡统筹改革，即以微缩的点和面来反映成都市城乡一体化现状并评价城乡统筹改革的效果。

本调研报告的研究主线是围绕"农村产权制度改革→土地集中流转、使用和利益分配→居住、社会公共服务的统筹规划→城乡社会公共服务和社会管理的均等化→城乡一体化后农户的长期利益及保障"，反映出成都经验或实施做法中，是如何努力寻找一个既减少利益冲突、又增加利益互补的方式和过程。这是城乡一体化过程中统筹发展、资源流动、利益均衡的关键。

二 基本情况——人口、地理、经济特征与城乡发展现状

唐昌镇战旗村位于郫县、都江堰市、彭州市三市县交界处。幅员面积2.06平方公里，有耕地1938.36亩。9个农业合作社，529户农户，1704人。其中适龄劳动力980人，截至目前，在村内企业务工人员275人，镇内务工240人，镇外务工135人，蔬菜、花卉基地务工人员240余人，外出务工从事第三产业20人，在本地从事第三产业120人，自主创业131人，公益性岗位17人。设党总支1个，下设党支部4个，村党支部下设9个党小组，有党员81人。

战旗村于20世纪60年代从金星村分村成立后，开展了声势浩大的"农业学大寨"农田基本建设。经过将近10年肩挑背扛的艰苦奋斗，使战旗村的农田由原来高低不平、大小不一的小丘、小田改造成了方方正正的标准化农田，沟、渠、路相通，灌排方便。提高了战旗村的土地耕作水平，为后来战旗村每年的粮食增产增收奠定了坚实的基础。随后，战旗村的粮食连年丰收。每年积极并提前完成上缴国家公粮任务，按月发放村民生活口粮。逐年来积累了一定的粮食储备。此举为战旗村发展集体企业奠定了坚实的物质基础。物质生活丰富的同时，战旗村积极组织开展形式多样的文化工作和民兵工作，得到了上级部门特别是县武装部门的高度认可和大力扶持。战旗村的民兵工作搞得如火如荼，誉满全县。

70年代末，战旗村在县武装部的引导下，利用村上经逐年积累的一定粮食储备变卖款，投资购买了机器，利用本村的良田调换了相邻的园艺村的山地，开办了村上的第一家集体企业——先锋第一机砖厂。随后，滚雪球似的逐步发展了第二家村集体企业——先锋酿造厂。直至90年代初，发展到拥有12家村集体企业。战旗村历年被县、镇评为先进集体。

90年代中期，由于市场经济和乡镇企业自身体制等多方面的原因，先后有5家村集体企业相继倒闭。2004年，通过盘活集体资产，村集体企业实现销售收入7000万元，实现利税470万元，解决了500余名劳动力的就业，务工收入600余万元。通过现代农业股份合作社，推进土地规模经营1000余亩。战旗村现有集体企业7家，个体企业5家，集体资产达1280万元，其中固定资产820万元，货币资金460万元，集体经济年收入60万元。2010年全年村级集体收入295.37万元，其中合作社收入235.37万元，集体企业租赁收入60万元。人均收入10440元。

2008年战旗村被定为四川省新农村建设试点示范村、成都市新农村文化建设示范村、农村产权制度改革试点村及创新农村治理结构改革方式试点村。确定为示范村后，村两委成员认真分析现有管理中的不足之处，针对本村的实际情况和时代要求，在上级部门的指导下，提出一套切实可行的新型管理机制。进一步明确了村级党组织和村民自治组织的权责，初步实现了决策、执行、监督三权分立。通过新型管理机制的运作，一方面使村社干部的职责更加透明，利于消除群众对干部的误解；另一方面激发了广大村民与村务管理的积极性，促使战旗村的工作迈入"决策更科学、执行更顺畅、监督更有力"的良性发展渠道，大大地提高了战旗村村务管理水平，有力地促进了战旗村民主法制进程与和谐社会的建设，也为战旗村今后的发展提供了制度保障。

（一）依托专业合作社，实现规模化经营

2007年，为实现土地经营规模化，战旗村采取引导农民以土地承包经营权入股、村集体注入资金的方式，组建了战旗村现代农业股份合作社（后注册时更名为战旗村蔬菜专业合作社）。按照依法、自愿、有偿的原则，推进土地向规模经营集中，建立了规划10000亩的战旗现代农业产业园区。园区规划为种植区和蔬菜初加

工区，通过项目招商、企业招商，引进了5家企业（业主）入驻，通过龙头企业引领，合作社建基地，带领农户走农业产业化发展的道路，以"公司+农户"的形式与农业产业化龙头企业开展订单生产，集中农户土地1000余亩。形成了龙头企业带动绿色蔬菜生产以及农副产品产、加、销为一体的现代农业产业化发展模式，为新农村建设提供强有力的产业支撑，有效解决了当地劳动力500余人的就业。同时加强与安德中国川菜产业园区企业的合作，实行订单生产，延长了产业链，促进了蔬菜产业持续发展。

利用农村产改成果，融资150万元注入合作社，打造了创意农业观光园，修建了蔬菜种植大棚20亩，建立了蔬菜育苗中心，并引进了澳大利亚无土栽培技术试种蔬菜10余亩。到2010年为止，试验效果良好。

战旗村通过现代农业股份合作社经营，使农户从土地上解放了出来，获得稳定的"三金"收入，即：每年土地入股每亩保底收入800元；对高出保底部分的50%用于持股农户二次分红；农户进入园区成为农业产业工人，获得务工收入。村民的收入由以前的种田收入为主逐步向务工收入或从事其他经营项目收入为主转变，实现了农民收入结构多元化。

（二）开展土地整理，改善村民居住环境

为了改善村民的居家环境，把战旗村打造成为环境优美的宜居之地，2007年，战旗村引进外部资金，运用"资源换资本"的方式，通过整理复垦村民原有的宅基地、院落等，新增440.8亩土地，其中215亩用于安置村民及基础设施，225.8亩用于置换资金。在各级政府的关心和支持下，通过广泛深入发动，在充分尊重农户意愿的基础上，战旗村新型社区于2007年8月21日正式奠基动工。新型社区规划人口3000人，总占地面积315亩。社区一期占地215亩，投资9500余万元（含全村基础设施配套建设），入驻人

口1655人，新型社区共修建低层别墅式楼房401套，建筑面积7.45万平方米，修建公寓式多层楼房171套，建筑面积1.45万平方米，修建幼教、商业、供水、污水处理、服务中心等功能配套房0.24万平方米。战旗村新型社区已于2009年初基本建成，并在2009年4月10日通过民主的方式，一次性成功地分房。至此，战旗村村民彻底告别"脏、乱、差"的生活环境，村民们骄傲地称，他们开始过上"出门见花草、在家能上网、喝水靠自来、煮饭用燃气"的城市生活模式。

（三）培育产业支撑，实现产业现代化

盘活集体资产，实现村民增收。近年来，战旗村对村集体企业进行清产核资，界定产权，并采取租赁的方式盘活集体资产，把企业的固定资产和无形资产通过招商方式租赁给经营者，走"村企合一"的道路，确保集体资产安全有效运行。同时，在村组织和企业间建立了有组织、经常性、紧密型的利益共同体，实现了以企带村、以工补农，村、企良性互动的循环经济发展路子。

为深入实现土地经营规模化，战旗村采取引导农民以土地承包经营权入股、村集体注入资金的方式，于2009年底组建战旗蔬菜专业合作社，合作社以高端设施蔬菜的种植、销售、农业新技术推广、咨询服务为主要业务。截至2010年12月，专业合作社共有农户495户，社员1551人，集中土地1820余亩。其中，流转给种植大户土地1420亩，合作社直接经营土地320亩。2010年合作社投入固定资产149.8万元，实现营业收入147.18万元，每亩月平均收入4597元。2010年，合作社流转土地1420余亩，租金收入187万元。

提升土地价值，打造特色新村。为实现产业集群发展，战旗现代农业产业园区又引进了成都榕珍菌业有限公司等一批示范带动强的农业产业化龙头企业入驻。其中，成都榕珍菌业有限公司在园区

内建立了 300 亩国内一流的珍稀食用菌标准化、规模化生产基地。企业正式投产后将实现年产值 1.5 亿元，吸纳农村富余劳动力 1600 余人，带动农民增收 2000 余万元。根据成都市委、市政府提出的建设"世界现代田园城市"战略目标和郫县县委、县政府提出的构建"一城二带三基地"总体要求，战旗村围绕建设社会主义新农村的综合性示范村和第一、第三产业互动的创意农业观光旅游特色村，在大力发展蔬菜产业的同时，沿柏条河打造农业观光旅游带，在现有的战旗文化大院、榕珍菌业、创意农业观光园、新型社区、农副产品加工区等观光旅游的基础上，引进了四川大行宏业（集团）有限公司"第五季——战旗田园村"项目。截至 2011，该项目已全面启动，各项工程顺利实施。

（四）推行村民自治，实现基层政治民主化

为进一步巩固和加强党在农村的执政地位，提高农村的市场化程度和推进基层政治民主化进程。2009 年，战旗村开展了创新农村治理结构试点工作。通过民主选举方式，建立了村决策机构和监事机构，初步构建起了村级决策、执行、监督相对分离、相互制约的组织体系。由全体村民用票决的方式通过了村民自治章程以及村民议事会议实施细则等各项制度，制定了村集体经济发展规划，实现了村民会议、户代表会议、村民议事会议"三会"制度，并建立和完善了集体经济组织独立法人治理结构，使经济组织真正成为产权明晰、权责明确、管理科学的法人实体和市场主体。村上重大问题的决策，由以前的征求群众意见变为群众直接参与，由以前的干部议决变为了群众票决，村民主监事会真正成了村内重大决策的"评判人"，村民利益的"守护神"，基层民主科学管理的"推动者"。

（五）稳步推进基本公共服务综合配套改革试点

按照便民、高效、规范的要求，战旗村建立完善了村级公共服务组织，形成"全程代理，限时办结、全方位覆盖"的公共服务体系。同时按照公共服务和社会管理"六步工作法"，开展日常服务和管理：一是做好宣传动员。采取召开村民会议宣传、入户发放资料、张贴宣传标语等形式，广泛地宣传村级公共服务和社会管理改革工作的目的、意义，做到家喻户晓。二是广泛征求群众意见。采取召开院坝会、发放问卷调查表、10人联名提案等形式，就村级公共服务和社会管理实施方案、实施项目广泛征求群众意愿，充分听取民意。三是形成议案。按照绝大多数群众普遍受益的原则，将村民提出的实施项目或意见、建议进行梳理汇总，通过召开村级组织联席会议拟定提交村民议事会议讨论表决的议案。四是议决公示。召开村民议事会对村级组织联席会议提交的议案进行充分讨论、票决通过，形成会议纪要，并以社为单位对实施方案、会议纪要和实施项目进行及时公示、公告。五是组织实施。由项目实施或供给主体具体负责实施，并全程接受民主监事会和群众的监督。六是社会评价。组织村民或村民代表对已实施完毕的公共服务项目的服务质量和效果进行评价，评价结果与公共服务项目资金补助和村两委成员年终考核挂钩。通过以上六步工作法，在社区建起来标准化卫生服务站、便民服务站，并在文化大院建立完善电子阅览室、书画室、排练厅等，以群众参与为主的服务体系初步健全，已基本实现村民就医、办事不出村的目标，全村农村公共服务水平有了明显提高。

战旗村经过土地集中和村舍的建设，现已初步完成了"两区"，即现代农业产业园区、农民新型社区；"一中心"，即文化中心。战旗村将继续围绕现代农业产业园区、新型社区建设推动"土地流转"这个重点，形成村、企、农互动，良性循环发展的新型农村集体经济运作模式。

战旗村在省、市、县、镇党委、政府的领导下，按照中央建设社会主义新农村的"二十字方针"以及成都市委、市政府"坚持城乡统筹、'四位一体'科学发展，深入推进城乡一体化战略部署"的总体要求和建设"世界现代田园城市"的战略目标，紧紧围绕县委、县政府构建"一城二带三基地"的总体规划。坚持以邓小平理论、"三个代表"重要思想为指导，全面落实科学发展观，扎实推进社会主义新农村建设；统筹推进"三个集中"——工业向集中发展区集中、土地向规模经营集中、农民向城镇和新型社区集中；认真开展了基层治理结构；稳步推进农村产权制度改革、村级公共服务、社会管理工作和新农村建设综合体建设工作。近年来战旗村按照土地经营规模化、产业发展现代化、农民居住社区化、基层治理民主化、生态环境优美化的要求先行先试，统筹推进土地向规模经营集中，农民向新型社区集中，创新思路，积极探索村企农互融、共建和谐家园的战旗村农村建设新模式。

（六）乡村文化生活质量显著提升

在县委宣传部的领导下，联合成都纺织高等专科学校，积极开展"高校+支部+农户"模式的大学生进农家活动，丰富了战旗村村民的文化生活，激发了村民学习知识的热情。2010年6月，成功承办了首届西部"中国创意农村财富论坛"，签署了《中国创意农村财富论坛宣言》。2010年10月，成功举办了中国郫县休闲农业与乡村旅游节、"国学进农村"及成都城乡文化巡演活动等。同时作为成都市发展农村（社区）文化的先进典型，代表成都市做客中央电视台二台《对话》栏目，和全国人民共享发展农村（社区）文化的经验。

在过去几年中，战旗村先后被列为全国妇联基层组织建设示范村、省新农村建设试点示范村、市新农村文化建设示范村、市统筹城乡发展综合示范村、县新农村建设综合体试点村。并多次荣获上级嘉奖："全国计生协会先进单位"，"四川省文明村""省级生态村""省级绿化示范村"，"成都市文明村""工人先锋号"，郫县

"先进基层党组织"、发展农村新型集体经济"先进单位"、农村新型治理机制建设"先进单位"、村级公共服务和社会管理改革"先进单位"等。2010年结合创建国家级生态县的契机，进一步做好沙西路沿线和村容村貌整治，完成农村环境综合整治及垃圾集中清运工作，并通过省级"五十百千"示范工程示范村验收。

三 城乡统筹改革实施的进展与评价：一个村庄的视角

无论从理论还是从现实来看，城乡统筹都不是一件容易的事情。为什么城乡统筹是一件非常难以办到的事情？首要原因是城乡之间的分布极不合理，尤其是国家工业化时代城乡分割的状态，通过户口、粮食、就业等壁垒，把几亿农民隔在了工业化和城市化的进程之外（周其仁，2014）。成都作为中国西部地区人口数量最多的省会城市，率先面对了城市化加速条件下城乡关系发生重大变化的新机会与新挑战。成都市是劳动力主要输出地之一，对农村资源组合在城市化加速背景下发生的重大变化，比全国很多其他地方都更为敏感。不仅如此，成都市本身又是中国西部地区一个迅速崛起、会集大量进城农民、人口规模超过1400万的大都市。因此，成都市走到了城乡统筹、走城乡一体化之路的最前沿，也是历史和现实的际会。

在城市化进程已经全面提速，但以资源转让权为基础的新产权制度尚未确立的条件下，城乡资源配置与收入分配方面产生了一系列新问题、新矛盾。其中最突出的问题，是人口和资源的流动、积聚和集中，带来了中心城区土地稀缺程度的提升，有效的土地供给日益成为工业化、城市化发展的严重瓶颈（蔡昉，2008）。与此同时，农村地区大量的建设用地却没有得到合理充分的利用，土地资源浪费严重，集约使用效率低下。

（一）成都城乡统筹改革的要点与经验

成都市委于 2008 年 1 月下达了《关于加强耕地保护进一步改革完善农村土地和房屋产权制度的意见（试行）》（成委发〔2008〕1 号），这是成都市城乡统筹改革的基本出发点，划定了城市化快速发展的边界条件，也就是说，这一政策可切实保障城市化加速过程中的农业基础和耕地资源，并以此为基本前提确立与城市化进程相适应的农村土地和房屋的转让权（陈家泽，2011）。这是成都市城乡统筹改革、城乡一体化发展的逻辑起点，也是理论探讨的出发点。在已经完成农村产权改革的成果——农户的土地、房屋使用权和经营权——的基础上，全面确立有保障的农户转让权。参照城镇居民在社会主义市场经济框架下已获得的合法转让权，成都明确新一波农村产改的纲领是"还权赋能"，即不但要把农村集体土地的农户使用权、经营权还给农民，而且要把由此派生出来的转让权也还给农民，并赋予农民产权以更为全面和多样的权能，以适应城乡一体的社会主义市场经济框架的要求。

成都的经验，首要的一点是农村土地、房屋的全面确权。为了适应城市化快速发展所需要的土地资源，在保护耕地的前提下，提高土地资源集约使用的效率是必须要做的事情和改革途径。发放耕地保护基金，首先需要确认哪些土地是耕地，哪些又是基本农田，还要分清这些农地的位置所在、面积大小和具体承担保护责任的农户。这就涉及农用地权利关系的全面调查。要把耕地保护基金真正发放到农民手里，就必须把耕地使用和经营的实际状况彻底调查清楚。在做法上：首先，成都决定"确权的范围和方法"。由于农村财产种类较多，历史变化频繁，究竟哪些权利先进入确权范围，用什么程序完成确权，现实操作上就非常难（周其仁，2014）。譬如，农民耕种的土地既有原始的承包地，也有转包地，还有自留地或未利用地，而有的地方农民的土地已经入股；类似地，农户的宅基地，包括合乎标准的宅基地以及超标占用的宅基地，以及乡村企业、公益事业等集体建设用地，如何在本次确权中处理复杂的历史遗留难题，都是严重的挑战。在这方面，成都的经验是：对农村土地进行分类别梳理，努力寻求土地现状和政策之间的平衡点，提出了切实可行的处理建议和确权办法，依次确认各种农村财产的产权。

其次，对于农村集体建设用地，成都的产权改革首先从历史遗留问题较少，同时也与农户自己利益高度相关的宅基地的确权工作开始。对于宅基地以外的乡村企业、公益事业以及其他的集体建设用地，成都采取的方法是在第二次全国土地调查结束后，在农村集体建设用地总量得到明确承认后，再减去已确立的农户宅基地总面积，得到一个集体建设用地的总量，再分类确认其他的集体建设用地的使用权。这样，就在历来遗留的老大难问题、违规违法与合理合法的集体建设用地之间，先划出一条清晰的界限，依此为据，先易后难，逐步推进，直到完成权威性强的全面确权。

再次，对于农村宅基地面积普遍超标的现实，成都市本着"尊重历史、面对现实"的原则，提出了对超标宅基地确权登记的实际解决方法（陈家泽，2008），凡持有以前颁发的宅基地证件或其他相关证明的，以证件上确立的面积为农户的宅基地面积；其他各种情况，则以年度变更的农村居民点台账面积为总控制，把超标面积的房屋、附属设施、独用院坝等占地，明确为"其他集体建设用地"，经农村基层自治组织协商后，再确权给实际占用的农户或集体经济组织。

最后，在农用地方面，成都市的做法是先确立法律已明确表达的承包地的农户经营权，暂留自留地、未利用地的确权。在承包地确权完成后，再按照"应确尽确"的原则，推进其他农用地的确权工作（陈家泽，2011）。

(二) 村民广泛参与的确权平台的搭建

为了与工业化、城市化提供的农村要素在更大范围的空间流转、积聚和集中的新的机会相适应，成都摸索出一套在农村实际可行的产权确定程序。其中最为重要的，就是找到村民自主的具体形式，成立由村民信任的、担任过公共管理事务的新老村干部组成的"村庄议事会"，对确权过程中入户财产调查和实测的结果进行评议，特别对存在异议、纷争的疑难案例进行仔细甄别，并将评议结果作为确权的预案公示，与相关方反复沟通，直到为各方接受后，才向县级人民政府上报确权方案。这样农村确权已从一个比较抽象的政策目标，发展为村庄一级的，由动员、入户调查、实地测量、村庄评议与公示、法定公示、颁证等环节组成的一系列可操作程序。其中，由村民自主协商解决确权中遇到的历史难题，也尽可能减少矛盾，做到公平公正。更值得称道的是，在这一过程中，农户自己做主，积极参与公共管理，实践了村庄民主。可以说，成都市新的村庄治理结构，就是从确权开始建立的。

(三) 城乡统筹改革的实施与效果：村庄微观视角的评价

对于村庄内部的利益调整，政府并不直接干预，而是通过农民自发形成的民主组织，比如"村民议事会"加以评判和调节。这是由于中国的村庄历史十分复杂，维持多年的"大稳定、小调整"土地政策让原有土地边界逐渐模糊，若是政府强力介入评判是非，很难判清其中的是非曲直（周其仁，2014）。反倒是中国乡村内存在一些"长老"，对本村历史十分熟悉。依靠他们判断是非、协调家户关系，显得操作性更强。充分发动村庄的自主性，政府在必要的程序、结果上应该保证确权的有效性和公正性。相对于投资建设，农村产权制度改革尽管意义深远，但是在短期内收益并不大，完全依靠自上而下的推动容易导致出现"应付上级"的行为，成都曾经经历的"确虚权"现象，在一定程度上有这方面的原因。所以，政府在全国推广确权工作时，需要保证确权结果的有效，并对最终的结果给予抽查监督。同时，在村庄民主还不健全的时候，村庄的调节和评判有可能缺乏公平，所以在程序上，政府有必要坚持公平、公开、公正。

本调研报告按照如下的逻辑思路和研究分析途径，在成都市城乡统筹改革的区域背景下，剖析了成都郫县战旗村城乡一体化发展历程中的做法、经验与政策制度。重点是突出成都市郫县战旗村如何保证城乡统筹改革过程中农户的利益、村庄的利益，农村社会公共服务的获得、变化及均等化程度，对这些方面进行深入的分析。

第一，理论上描述和概括成都市、郫县和战旗村农村产权改革的背景、实践及实施方法，同时描述市、县、村各级在产权改革实践过程中的实施方式，通过政策文件、制度安排、实施办法以及战旗村的产权改革数据来实证分析，总结产权改革如何支撑城乡统筹改革，成为城乡一体化的基础。

第二，通过战旗村的土地流转、新型社区建设、集中居住的描述和具体做法，分析统筹规划过程中的各利益主体的利益分配，如何协调各主体的利益纷争和矛盾，土地的统筹规划如何与城乡统筹的设计相结合，对实现城乡一体化所起的基础性作用及可持续性问题。

第三，通过对农村基础设施（村内道路、电、通信、网络等）、生态环境综合治理（生态、环境卫生等）、农村公共文化建设（文化大院、书屋）、新型社区管理（关注村民委员会、便民服务站）、村庄社会管理（村民自治、村民选举、财务公开、社会治安等）的分析来描述村级公共服务与社会管理现状，评价村级服务和社会管理的效果及长期发展视角下存在的问题。

第四，在城乡统筹背景下，通过农户调查问卷、农户访谈，描述农户城乡统筹改革前后，战旗村产业发展现状、土地集中流转和规模经营后，农户就业特征及收入来源变化，农户对城乡统筹后生活质量的变化和满意程度，以农户视角从产业、就业与生活质量等方面总结和评价与真正城乡一体化的差异及程度。主要内容集中在：战旗村产业结构（突出主导产业，休闲旅游农业、蔬菜豆瓣加工产业等，关注规模经营、农业合作社）；就业结构（本地就业与转移就业、富余劳动力转移）；居民收入水平（关注收入差距与生活满意度）。

第五，通过农户资料和村级资料，对城乡基本公共服务均等化和社会保障等的进一步分析，可比较县级、成都市市级水平的差异程度以及与户籍市民的差异，也可以从不同收入等级和不同农户特征，看城乡基本公共服务均等化程度是否公平，以此分析和总结土地流转、集中统筹规划下的城乡一体化模式长期保障程度如何及存在问题。

第六，通过第二章至第六章深入分析和总结描述战旗村城乡一体化的实施过程和具体经验，在前六章小结的基础上，提炼和概括本国情调研报告反映的成都市城乡统筹发展的理论概括、政策建议及有效的实践经验。

第二章

农村土地产权改革与城乡统筹

农村土地产权制度改革，本质上是转型时期农村经济的增长战略及其制度安排，只不过，这一战略的实现必须依赖农村的社会主义市场经济体制改革来清除"三农"问题的制度障碍（蔡昉，2003）。而"三农"问题说到底，是由农民权利缺失导致农民收入和农业经济可持续增长的激励机制和效率问题。

中国共产党十七届三中全会明确提出了农村土地确权改革、农民家庭"现有土地承包关系要保持稳定并长久不变"，这是在我国农村和农业领域进一步完善以家庭承包和双层经营为主要内容的市场化改革、进一步形成社会主义市场经济体制基本框架的根本性政策主张。中国的农村土地问题，一直考验着制度的弹性和执政的智慧。因此，对统筹城乡发展、解决"三农"问题的关键环节——农村土地产权制度的改革，厘清理论逻辑，识别改革难点，选择改革路径，都具有重要意义。

农村集体所有的土地天然承载着配置功能和分配功能，前者追求效率，后者强调公平。土地作为生产要素与生俱来的稀缺性，而城市化进程对这种稀缺程度不断地放大，以及城乡居民不断增加的消费需求对农业商品化水平的拉动，都要求在市场化条件下不断提高土地的配置效率。当科学发展观锁定了以城带乡、以工哺农和以政府为主提供均等化的公共服务体系的承诺之后,农村土地所承载的,以体现平均主义的公平的分配功能,就必然会渐次褪减既有的成色,这也是包括广大农村地区和农业领域逐步形成社会主义市场经济体制框架的必然要求和历史趋势(蔡昉,2009)。

成都试验区农村土地制度改革的基本路径和特点是以土地确权、颁证、流转来体现农村市场化改革价值取向,以同时配套推进完善村级治理结构来表达资源配置主体变化之后的农村民主政治建设发展,以覆盖全域的均等化公共服务体系建设来保障社会公平。也就是说,统筹城乡的综合配套改革从一开始就不可能是单兵独进式的改革(蔡昉、程显煜,2008)。40年的改革历程已经告诉我们,在盘根错节的制度障碍和错综复杂的利益结构之间,必须以"组合拳"综合配套的方式推出新的制度安排,才会取得最大的改革收益。在进行改革的路径设计时,关键在于:明确改革的目标;理清改革的理论逻辑;识别出改革的关键环节和重点领域;通过摸着石头过河的试点,判断关键环节改革的风险并设计出相应的"防火墙";设计出综合配套的改革方案,把改革的成本、收益、疑难杂症都如实交待给农民,使农村土地产权制度改革从一开始就由农民这个主体在其最大化原则驱使下去推动,从而使这一改革步入不可逆过程;在强调还权赋能、农民自主的同时,坚持党对农地改革的领导和引导,使其始终处于"可控"状态。

一 土地产权改革的大背景:经济发展和土地产权之间的矛盾

战旗村土地产权改革离不开全国城市化的大背景和成都土地改革的大背景。中国城市化水平已经超过50%,中国经济发展的过程伴随着城市化的迅速提高。随着城市化的发展,基础设施扩张、城市用地需求加速，由于存在城乡二元经济和制度的约束，在很长一段时间里，中国的城市化是一个需要通过政策不断将土地资本化的过程。

我国的农村产权制度是以家庭联产承包制为主体。这一体制，确定了集体土地的农户使用权和经营权，以及农户长期使用和经营集体土地的合法收益。由于这一体制的改革符合中国经济和社会发展的需要，在当时迅速解放了生产力并调动了农民生产积极性，其在很短的时间内使农民迅速摆脱了贫困。

然而，随着经济和社会的进一步发展，城市化迅速发展为农村和农户提供了新的机遇和新的挑战。"由于城市化是人口、劳动、土地和其他资源在空间上的大规模流动、集聚和集中的过程，因此，以'清晰的农户使用权和经营权'为中心的农村产权制度，有必要适时转向以'有保障的转让权'为中心的更加新颖的产权制度。"（周其仁，2011）城市化的发展离不开用地，但现有体制决定城市化用地的唯一途径是通过国家征用农村用地。国家通过征收农民集体用地，并将征用土地国有化，最终征用后的土地将用于城市化的需要。例如，建立基础设施、修公路、建设铁路等。伴随着国有化农村集体用地的过程，中国的城市化逐渐拉开了序幕。特别是近10年，中国经济飞速发展，城市化过程中离不开征地拆迁等，政府在这个过程中增加了财政收入，但是由于存在农村土地产权界定的问题，无法通过市场手段合理配置农村土地资源，因此就远谈不上"定价"的问题。农村要素市场扭曲就成了经济和城市发展过程中的典型特征。农民不具有产权就无法在市场交易中居于主导地位。同时，政府在征地过程中由于无法按照市场价格进行征地，因而不仅不能发挥政府在"市场失灵"中的作用，而且降低了资源配置的效果，同时还阻碍了其他社会资本进入市场。由于存在这种歧视性的制度安排，农民在整个过程中被排除在了土地城市化收益之外。因此，收入分配的矛盾就一直存在于中国经济发展和城市化的进程中。

战旗村在土地产权改革过程中产生了一系列问题。例如，对农村土地权利界定不清，市场无法对农村土地资源进行合理配置，导致农村要素市场不完整和扭曲。如果不落实农民对土地的权利，就无法在市场中获得土地主导权。如果政府在介入市场时不按照市场规律进行，就会加大扭曲程度，并挤出其他社会资本。此外，将农地分割形成的小农作业，并不符合现代化农业发展的需求，这也导致社会资本和金融资本与农户之间产生较高的交易成本。

（一）通过改革农村土地产权制度提高中国未来潜在增长率

不仅从经济增长的一般规律可以知道，而且从发达国家的农业发展历史也可以看到，农业发展是以大规模生产为主导方式，形成了规模经济和聚集经济，从而使农业有了与工业现代化一样的内核。我们必须要看到，中国的二元经济结构已经消失。蔡昉和陆旸指出[1]，在2004年中国就已经出现了刘易斯转折点的特征。或者说，中国农村剩余劳动力向城市转移的速度开始下降，边际报酬递减已经成为事实。进一步地，中国农村剩余劳动力不再是无限的。这也就意味着，继续采用小农经济的发展模式已经不再符合现代农业的发展，也会制约中国经济的发展。特别是，农村的青壮年劳动力到城市工作，剩余在农村的劳动力以老人和小孩为主，这就意味着，从数量上看，即使中国农村的劳动力数量并没有显著地减少，但是由于劳动力结构发生了变化，最终也导致了农业生产效率低下。此外，如果向城市转移的青壮年农民工数量开始减少，就意味着除了农业之外的其他生产部门存在着劳动力不足的问题。根据增长核算方程的决定式，由于潜在增长率受到资本、劳动力、人力资本和全要素生产率的影响，当劳动

---

[1] 蔡昉、陆旸：《调整人口政策对中国长期潜在增长率的影响》，《劳动经济研究》2013年第1期。

力数量减少时,将直接影响潜在增长率。同时,当劳动力无限供给的条件被打破后,将导致资本边际报酬递减,进而资本存量也将受到影响。最终由于资本和劳动力的影响,中国的潜在增长率也会出现下降趋势。

　　蔡昉和陆旸估计了劳动参与率和全要素生产率提高后对中国潜在增长率的影响,假设在 2011—2020 年,在中国劳动参与率原有水平的基础上,每年的劳动参与率水平均提高 1 个百分点。最后发现劳动参与率提高 1 个百分点后,将使 2011—2015 年的平均潜在产出增长率提高到 8.09%;2016—2020 年平均潜在产出增长率提高到 6.94%。图 2-1 中,粗线表示在现实条件下中国的潜在产出增长率;虚线表示,2011—2020 年每年劳动参与率提高 1 个百分点后对未来潜在产出增长率的影响。如果中国能够平均每年将劳动参与率提高 1 个百分点,将会使平均每年的潜在 GDP 增长率提高 0.88

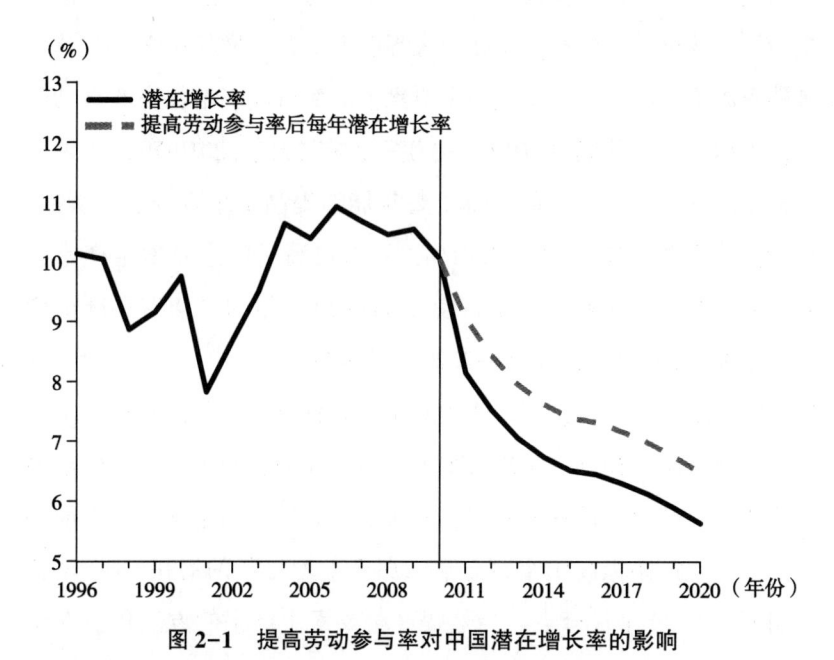

图 2-1　提高劳动参与率对中国潜在增长率的影响

资料来源:Cai Fang and Lu Yang, "Population Change and Resulting Slow-down in Potential GDP Growth in China", *China & World Economy*, 2013, 1。

个百分点。

实际上,劳动参与率提高的途径之一就是保证农民工市民化。而农民工市民化的一个突出重点在于如何使农民工的产权得到保障,并安心到城市工作。如果政府能够将农村土地的产权进行重新界定,使农民能够按照市场价格收益,那么他们才能够希望并愿意放弃农民身份变成城市居民到城市工作。正因如此,才可以保证中国的劳动参与率得到提高。

当然,从另外一个角度来看,农民选择到城市工作并落户后,中国农村将具有从小农经济向大规模现代化农业生产过渡的条件。产出增长率超出要素投入增长率的部分被称为全要素生产率。通常情况下全要素生产率包含技术进步、资源配置效率和制度创新。从20世纪90年代开始,中国的全要素增长率每年在3%左右。中国如果能够实现土地产权改革,那么改革后通过提高生产效率的途径也能够释放全要素生产率。在很大程度上全要素增长率来自改革带来的资源重新配置。事实上,全要素生产率对经济增长率的贡献巨大。根据蔡昉和陆旸(2013)的模拟,在2011—2020年,如果全要素生产率在原有水平的基础上每年能够提高1个百分点。例如,假设目前全要素生产率为3.01%,那么提高后的全要素生产率为4.01%。提高全要素生产率将使2011—2015年的平均潜在产出增长率提高到8.19%;2016—2020年平均潜在产出增长率提高到7.07%。在图2-2中,粗线表示在现实条件下中国的潜在产出增长率;虚线表示,2011—2020年每年提高1个百分点的全要素生产率对未来潜在产出增长率的影响。事实上,如果中国平均每年都能够将全要素生产率提高1个百分点,那么平均每年的潜在GDP增长率将提高0.99个百分点。当然提高全要素生产率的方法仍然在于进一步加强经济体制改革,其中的重点就包括改革土地产权制度,从而释放全要素生产率。

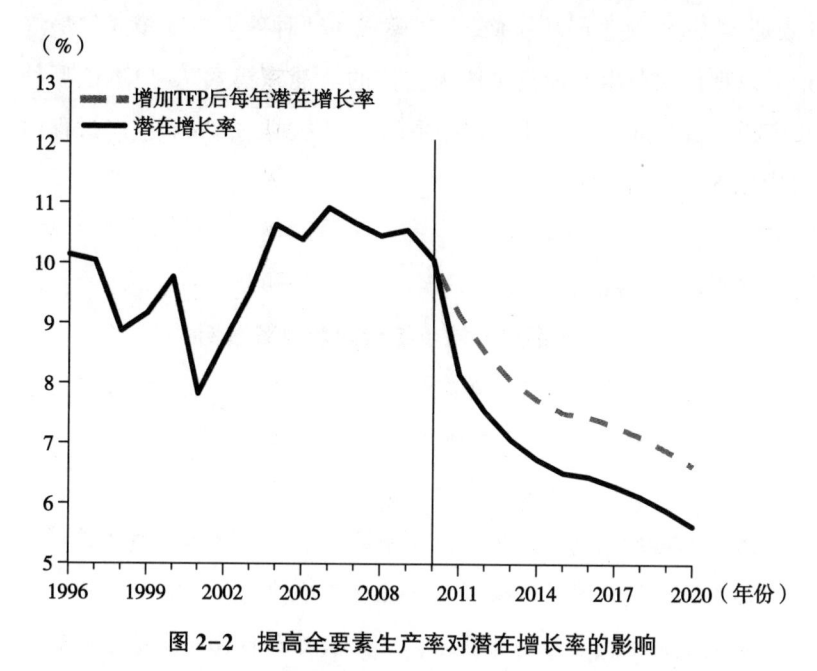

图2-2 提高全要素生产率对潜在增长率的影响

资料来源：Cai Fang and Lu Yang, "Population Change and Resulting Slow-down in Potential GDP Growth in China", *China & World Economy*, 2013, 1。

（二）通过改革农村土地产权制度促进中国农业现代化

农业现代化是指从传统农业向现代农业转化的过程。在这个过程中，农业采用类似于现代工业的生产方式、现代科学技术和现代管理方法，使农业生产力得到提高，从过去小规模家庭生产方式转向大规模生产和资本密集型生产方式。在这个过程中，土地的集中是关键因素。但是传统的农村土地产权制度制约了中国向农业现代化的生产方式转变，并且这种阻力越来越明显。

随着中国经济发展，一些企业将农户小规模土地流转并集中起来，采用现代化生产方式进行生产，这已经成为时代发展的需要。例如，上海浦东地区将近一半的农业区域实现了规模化生产。采用的模式有如下三种："农业专业合作社+生产基地+农户"模式、

"农业龙头企业+生产基地+农户"模式和"种养大户"模式。最终形成以现代农业生产经营主体为主体的"浦东模式"。但不论哪种生产模式都是放弃了个体农户为主的生产方式,将农业生产过程向现代化方式进行了转变。

典型材料 2-1

成都统筹城乡综合配套改革案例

在借鉴上海、江苏等东部省市经验的基础上,成都市提出了"三个集中",进而推进城市化和城乡一体化的建设。在贯彻国家宏观政策和发挥市场机制作用的基础上,按照依法、自愿、有偿的原则,推进工业向园区集中,农地向适度规模经营集中,农民向城镇和新农村居住区集中。"三个集中"面对的是城市化进程已经全面提速,但是以资源转让权为基础的新产权制度尚未确立的条件下,城乡资源配置与收入分配方面所产生问题。其中最突出的问题,是人口和资源的流动、积聚和集中,带来了中心城区土地稀缺程度的提升,有效的土地供给日益成为工业化、城市化发展的严重瓶颈。同时,农村地区大量的建设用地,却没有得到合理充分的利用,土地资源浪费严重,集约使用的效率十分低下。成都的"三个集中"取得了明显的实效。一是按照走新型工业化道路的要求,全市将原规模小、布局散的116个工业开发区,归并为21个主导产业突出的工业集中发展区,通过规划调控和政策引导,着力发展产业集群。截至2007年底,21个工业集中发展区初具规模,入住规模以上企业1449户,集中度达到63.5%。二是引导农民向城镇转移和集中居住,以县城和区域中心镇为重点,按照城市社区标准建设新型社区,解决征地农民和进城务工农村劳动者居住问题,推动农民向城镇居民转变。在农村地区,按照"宜聚则聚、宜散则散"的原则,因地制宜建设农民新居,引导农民集中居住和转变生产生活方式。截至 2007 年底，新建城乡新型社区 602 个，总面积 2503 万平方米，入住 38.5 万人，城镇化率提高到 63%。三是稳步推进土地适度集中规模经营，在坚持稳定农村家庭承包经营的基础上，按照依法、自愿、有偿的原则，采取转包、租赁、入股等形式，稳步推进土地的适度集中。截至 2007 年底，实施规模经营 235.6 万亩，培育规模以上龙头企业 615 家、农民专业合作经济组织 1911 个，带动农户面达 65%。实践证明，"三个集中"是破解城市化加速条件下巩固农业基础、促进农村发展、帮助农民致富的治本之策。在城乡关系出现新挑战的关键发展时期，从"三个集中"入手，可以有效推进资源的流动、积聚和集中，推进城市化、农村发展与城乡一体化。在实践"三个集中"的过程中，成都市也发现：工业、农业与农民居住地空间位置的改变，势必牵动复杂的既得利益补偿与未来利益的再分配。"三个集中"的主体必须是农民、农户与农村集体，而不是政府或任何其他拥有行政权力的组织或个人。否则，资源在空间上的变动及其带来的收入增加，有可能落到资源所有者、经营者以外其他强势集团或个人之手，那就违背了城乡统筹纲领的初衷。那样的话，势必增加相关参与方的疑虑和抵触，最终拖延而不是加速城市化和城乡一体化的历史进程。[①]

（三）农业产业化要求

为推动战旗村的农业产业化发展，打造高效的现代农业产业园区，实现集体收入和农户收入的"双增收"，唐昌镇党委和政府组织全体干部参观了双流、都江堰、大邑的农业产业化发展情况。经

[①] 案例资料来自周其仁负责的北大国家发展研究院课题组《成都统筹城乡综合配套改革专题研究之一》。

过讨论和论证之后，战旗村发现农业产业化规模大和效益高的特点可以促进农业现代化发展并提高农业收入。而当时的战旗村土地集中经营，规模小、品种少，基本还是传统的耕种方式。所以，战旗村召开产业园区业主会议，分析战旗村农业产业园区的现状，明确并确定了产业园区的发展方向。为此，战旗村实行土地改革就有了如下总体规划和步骤：首先，结合科技局在战旗村开展的"科技示范户"活动，给现有业主在技术上提供帮助，提高生产和管理的科学性，并且引导现有业主在种植规模和品种上进行调整，扩大品种的种植规模和品种质量，同时发展农业设施，提高农业现代化水平，进一步提高了战旗村农业产业园的经济效益。其次，结合"拆院并院"项目进行土地整理，进行了"一产"和"三产"互动的综合规划。一方面加快推进"拆院并院"项目的土地整理工作，在还耕的基础上，对田亩进行增产改良。同时完成对新增土地的确权工作。另一方面，进一步完善"一产"和"三产"互动的统筹发展规划，逐步完善战旗现代农业产业园区内各片区产业布局和基础设施。在此基础上，战旗村根据产业规划，进行了招商引资。战旗村按照第一产业和第三产业的统筹发展思路，与重庆一家水果投资商联系，投资修建第一个第四季果园。在果园内种植各地的水果，这样做的好处在于不仅可以为旅游提供基础软条件，发展观光农业、休闲农业，同时也能够增加副业收入。此外，战旗村也根据现有条件进一步进行了其他招商引资工作。最后，在尊重农民意愿的基础上，由项目区域内的农民向唐昌镇战旗蔬菜专业合作社提出农用地委托流转的书面申请，由专业合作社负责对农用地进行集中统一流转。2009年9月土地流转已经达到1095.7亩。所流转的土地用来集中经营，解决了300余农民的本地就业问题，实现农民务工收入8000多元。

二 土地产权改革制度安排——承包地与宅基地确权

(一) 土地产权改革的实施背景

战旗村的土地改革，适逢成都市农村产权改革试点成立，同时以成都市委市政府相关精神和领导意见作指导，并结合本村现实情况来进行。此次土地产权改革主要涉及农村承包地和宅基地的确权和整理。

1. 成都市的农业产权制度改革

2007年6月，成都市被批准成为国家级"城乡统筹综合配套改革试验区"后，加速了城乡一体化进程，并试图通过农村土地和房屋产权制度改革撬动农村土地资产。为此，成都市委、市政府经过反复酝酿、多方征求意见，于2008年初出台了《关于加强耕地保护进一步改革完善农村土地和房屋产权制度的意见（试行）》（成委发〔2008〕1号），正式启动了农村产权制度改革试点，明确提出要把改革的重点锁定在开展农村集体土地和房屋确权登记工作、推动土地承包经营流转和农村建设用地使用权流转及农村房屋产权使用权流转上。① 2008年3月后，成都开始了农村产权制度改革，推进城乡一体化新篇章。2008年，"5·12"汶川大地震迫使成都农村产权改革进入新阶段：2008年11月以后为全面推广与深化完善阶段，成都市的五个地震灾区——都江堰市、彭州市、崇州市、邛崃市、大邑县首先在2008年底完成宅基地的确权颁证工作，其他农村地区在2009年3月基本完成农村产权确权颁证工作。② 据此，战旗村继续不断深入贯彻落实成都市统筹城乡一体化的改革创

---

① 王伟博：《成都求解农村"未来之路"》，《中国新闻周刊》2009年第8期。
② 蔡昉、程显煜：《城乡一体化：成都统筹城乡综合配套改革研究》，四川人民出版社2008年版。

新精神、推进农村土地产权制度改革。

2. 战旗村产业发展规划

在本书的第五章"农村产业、就业与村级经济发展状况"中，我们将介绍战旗村产业发展情况和未来规划，详细解释了战旗村农业产业发展受益于土地产权制度的改革。在战旗村农业产业大繁荣大发展的前夕，战旗村部分农作耕地面临着停耕、弃耕以及集体经济不断衰落的困境。解决困境就亟待进行改革。要怎么改革？归根结底，必须认识到：传统的农村土地产权制度制约了中国向农业现代化的生产方式转变。战旗村两委趁着成都市农村产权改革试点工作的机会，推进土地产权制度改革，通过一系列的土地产权制度改革措施，已达到土地可流转、可集中统一使用的目的，并在改革的同时催生了"村—企—农"的农业发展模式，通过农业发展新模式打通农民增收的各个渠道。

3. 社会主义新农村建设需求

诚如大家所见，"社会主义新农村"建设已在我国各农村开花结果。中央农村工作会议提出，积极稳妥推进新农村建设，要落实加快改善人居环境。在过去改革开放的30年里，战旗村因农业生产发展，农民收入水平有显著提高，也正因如此，战旗村农民收入水平的提高让农户通过自建房屋搬进新家。但同时也有很多农户仍然住在破旧的农家院落中。2008年汶川大地震后，战旗村很多居民的房屋已不适合村民日常生活居住，村民居住条件亟待改善。为改善战旗村的人居环境、实现"村容整洁"，战旗村通过土地产权改革的方式为"新社区"建设做足准备。①

（二）战旗村农村产权改革制度概况

2009年下半年开始，战旗村农村产权改革房屋确权工作就已

---

① "新社区"建设的具体内容，详见本书第三章"土地规划、集中居住与城乡统筹：一个村庄的视野"。

经展开。经过登记、确权公示、颁证等程序，共为全村509户农户所拥有的398套统规自建房屋和154套统规统建房屋进行登记、确权和颁证。耕地承包经营权确权，因社区建设占用二、四、八社土地及在土地规模经营中破坏原有田间界线的原因，暂缓对农户的耕地进行登记、确权。2011年产权改革工作继续展开，经产权改革工作小组和村民议事会多次讨论通过了《战旗村集体经济组织成员身份界定办法》《土地承包经营权实测确权方案》《战旗村集体土地及房屋确权方案》，经多数村民签字同意战旗村的承包地经营权按2011年4月20日登记人数进行全村统一网格化确权，目前战旗村人均拥有1.137亩耕地。

另外，战旗村在新农村建设"拆院并院"工作中，因为新型社区建房、产业园区道路、沙西线建设等问题占用了大量土地，部分土地使用性质已经发生了较大的变化。为解决这个问题，战旗村村委会在广泛征求群众意见的基础上，经过村民代表会议讨论，将《战旗村房屋确权及土地使用权属调整办法》（2010年1月）作为指导原则。第一，进入新型社区的村民统一对社区房屋进行确权，对原有旧房屋按拆迁协议自行拆除。第二，对原来就已经搬入中心村居住的农户，对其现有房屋进行确权。第三，全村所有宅基地等集体建设用地由村集体进行使用权属调整，村民按户籍登记享受均等的宅基地使用权，其余集体建设用地由村统一经营，收益进行统一分配。第四，承包地、自留地本着"依法、有偿、自愿"的原则，集中到战旗村农业股份合作社统一经营管理，按照保底分红方式进行效益分配。

表2-1 战旗村产改确权情况

全村确权的集体经济组织成员人数	1704人
全村农村土地使用权确权户数	529户
全村农用地面积	1938.36亩
全村人均农用地确权面积	1.137亩

续表

全村集体建设用地使用权确权户数	526 户
全村集体建设用地使用权人均确权面积	81.35 平方米
房产证办理	全村 606 套房（社区 575 套、原集中区 34 套）
已办房产证	576 套（398 套统规自建房屋和 154 套统规统建房屋进行登记、确权、颁证）
未办房产证	30 套（18 套未分配房屋，12 套一户多宅或非农户口）

资料来源：战旗村村委会提供的资料。

三 土地改革的实施

（一）确权、颁证的基本原则

我们所称的农村产权确权指的是"确认五权"，即农村土地所有权、土地承包经营权、宅基地使用权、房屋产权和林权。

1. 确权原则

为明晰集体土地及农民房屋的产权关系，切实保护集体经济组织及成员的合法权益，战旗村按照郫县农村产权改革关于集体土地及房屋确权的有关要求，结合战旗村本村实际情况，制定了房屋土地确权前需要知晓的事项。

确权依据。根据《物权法》《村民委员会组织法》《土地管理法》《四川省〈土地管理法〉实施办法》[①]《确定土地所有权和使用权的若干规定》《关于加强农村宅基地管理意见》（国土资发〔2004〕234 号），成都市国土资源局印发关于《集体土地所有权和集体建设用地使用权确权登记有关实施意见（试行）》（成国土资发〔2008〕529 号）的通知等相关法律法规及政策的规定，战旗村成员依法享有集体土地使用权。

---

① 1999 年 10 月 17 日四川省第九届人民代表大会常务委员会第十二次会议修订版本。

确权范围和对象。战旗村辖区范围内除承包地及其他农用地、未利用地等以外的集体土地（宅基地、其他集体建设用地）。战旗村现有宅基地使用户的村集体经济组织成员，战旗村农民集体，依法取得集体建设用地使用权的单位和个人。

2. 借鉴改革试点的确权经验

战旗村在充分考虑成都市以往文件精神的工作要求的同时，借鉴了成都市进行农村产权改革以来获取的有益经验。

首先，成都市在农村产权改革试点中规定的确权办法包括：农户合法取得的宅基地按当前宅基地现状分别确权到农户，进入新型社区的农户统一对社区房屋实际占地面积确权，对原有旧房屋按拆迁协议自行拆除，集体统一还耕，统一参加承包地的确权；村辖区内的乡镇企业、村办集体企业、私营企业等单位合法使用集体土地，其集体建设用地使用权确权给村集体；农户宅基地的确权办法。对已入住新型社区的农户，统规自建房按房屋实际占地面积确权；统规统建房按房屋实际占地面积多层均摊进行确权；社区内其他占地（道路、绿化、广场、公共设施等）确权给村集体；对原已搬入中心村居住的农户，对其现有房屋进行确权。按县统一规定宅基地确权不超过35平方米/人，对宅基地超过35平方米/人标准的部分，以其他建设用地名义确权给村集体；依据郫县国土资源局开展的全国第二次土地调查所测量出的集体建设用地面积，村集体范围内扣除已确权到农户的宅基地面积和企业建设用地面积，剩余的面积属于战旗村集体经济组织所有，其余集体建设用地包括集体晒坝、保管室等，确权给战旗村集体。

其次，成都市在农村产权改革试点中明确了确权所涉具体问题的处理方法：镇级及以上道路所占土地若没有被国家征用或没有支付土地补偿金，其土地所有权确权给道路所在村农民集体；村级道路所占土地所有权确权给村农民集体；社级道路所占土地所有权确权给村农民集体；毛渠（组内小沟）、农渠（几个组共同使用的沟)、斗渠所占土地的所有权确权给村农民集体,支渠所占土地的所有权确权给镇农民集体;河道堤防外的护堤地,无堤防河道历史最高水位或者设计水位以下的土地已确定给行政主管部门的为国有,其他的应确权给所在村农民集体;村办集体企业用地、原知青点用地、公益设施用地,其所占土地所有权确权给村农民集体;电力、通信等公共基础设施塔基所占土地未实施征地补偿的,确权给村农民集体所有。

最后,战旗村根据成都市以往的改革经验得出:土地确权的首要任务是,确定耕地和农田的地理位置、面积和农户。这就涉及农业用地权力关系的调查,从而彻底弄清土地使用的现状。按照步骤来看,首先需要决定确权的范围。由于农村财产类别多,历史因素决定了确权过程的复杂性,因此确权的范围就非常重要。例如,农户的土地包括承包地、转包地、自留地和未利用的土地。此外,农户的宅基地包括按照标准建设的宅基地和超标占用的宅基地。同时,乡镇企业事业建设用地等问题的存在,使确权过程变得非常复杂。成都的经验是,对农村土地进行了分类,依次确认农户各种产权。例如,集体建设用地,成都土地的产权改革首先从权利比较清晰、历史遗留问题较少、法律关系确定、农户利益直接相关的宅基地开始。确权工作从宅基地开始,但是本着尊重历史又面对客观现实的原则,提出了对超标宅基地进行确权登记的方法。具体来说,凡持有之前办法的宅基地证件或证明材料的农户,以证件上确定的土地面积为农户最终宅基地的面积。除此之外出现的问题都以年度变更的农村居民点账面面积作为总控制,把超标面积作为"其他集体建设用地",经农村基层自治组织讨论后,再确权给实际占用的农户或集体经济组织。再如农业用地,成都市的做法是先确立法律已明确表达的承包地的农户经营权,暂时搁置自留地、未利用地的确权。在承包地确权完成后,再按照"应确尽确"的原则,推进其他农用地的确权工作。因此,按照上述原则,确权工作可以按照先易再难、逐步推进的原则,逐项开展,最终全部土地得到全面确权。

3. 确权后颁证

根据已确权事实,对确定的五权颁证,并统一办卡。土地所有权证分别颁发到乡镇、村委会(或农村社区)、村民小组。其中属于组集体所有的土地,其所有权证只发给村民小组;土地承包经营权证、宅基地使用权证、房屋产权证、林权证、耕地保护基金卡分别颁发给农户。

典型材料2-2

地方政府学习成都农村产权制度改革经验

2014年5月24日,泸州市党政代表团深入成都市郫县唐昌镇战旗村、金堂县三溪镇明月村,考察学习成都市城乡统筹和农村基层民主体制机制创新经验。成都农村产权制度改革经验,成为泸州重点关注对象。泸州市委副书记、市长刘强,市委常委、市总工会主席陈冠松,副市长刘云、李晓宇、曹勇参加考察学习。

在战旗村,"还权赋能"的具体做法是确权颁证。确权,类似于国有企业改革的明晰产权。郫县的做法是,要求彻底厘清农村各类土地包括承包地、宅基地以及宅基地上的附着物等的数量、边界并落实到农户个人,不留死角。明确农村宅基地集体所有,农民有使用权;附着物归农民所有。要求在确权阶段做到对农村集体土地各类的数量、边界清楚,落实到户到人;集体建设用地边界落实到集体、确权到全体村民;农村住房及宅基地附着物确权到户并明确农民所有。在确权的基础上,郫县给农民颁发了"五证"。

在当地相关负责人陪同下,刘强走进战旗村二组姜从恩家,居室宽敞明亮,室内设施和装饰与城里住家没有多大差别。姜从恩拿出了自家的"五证",包括农村土地承包合同、农村房屋所有权证、农村土地承包经营权证、耕地保护合同、含农村宅基地的集体土地使用证。刘强将"五证"一一细看后说,农民手上握有"五证",等于农民有了土地财产的法律凭证。随后,刘强向姜从恩询问农村产权转换情况。谈及颁发"五证"的好处,姜从恩高兴地说,有了"五证",生活就有了保障,等于吃上了"定心丸"。

(二) 承包地的确权

为进一步完善战旗村二轮延包关系,保护集体经济组织成员承包经营土地的合法权益,按照《关于农村土地承包经营权按实测面积确权登记的要求》(成都市人民政府办公〔2008〕85号),结合本村实际,制订如下确权方案。

1. 法律、政策依据及确权原则

根据《农村土地承包法》《土地管理法》《物权法》《农业法》《村民委员会组织法》和《四川省〈农村土地承包法〉实施办法》(成都市人民政府办公〔2008〕1号) 等相关法律法规的规定和农业部《关于进一步做好稳定和完善农村土地承包关系有关工作的通知》(农经发〔2005〕2号),以及市、县农业部门《关于农村土地承包经营权登记管理办法(试行)》(成都市农业委员会成农办〔2008〕8号) 等文件精神,确立战旗村集体经济组织成员的土地承包经营权。

2. 确权范围及主体

战旗村辖区范围内的耕地和原宅基地还耕后的农用地,依照相关法律规定和政策要求,遵照农民集体意愿,将土地承包经营权确权给现有的承包农户。

3. 确权程序及时间安排

战旗村集体土地承包经营权的确权工作按照清理核查、勘测界定、明确权属、进行公示、建档造册、申请确权的工作程序进行。

（1）清理核查：在县、镇产权制度改革指导小组指导下，由战旗村群众代表组成土地承包复核清理小组，对战旗村二轮延包以来土地的现状、权属内容、权利人等进行全面摸底调查，汇总清理核查结果，填报《入户调查摸底表》和《入户调查统计表》。

（2）勘测定界：配合县国土资源部门，按照全国第二次土地调查结果，做好1∶500地形测量，并分田块、做好承包地绘图上图工作，完成战旗村《耕地到户表》填报。

（3）明确权属：按照村民自治原则，妥善处理战旗村人地矛盾和承包地的权属纠纷，核实并明确权利人、权属内容、权属范围、实测数据等，为公示做好准备。

（4）进行公示：按照规定将明确后的土地承包权属的结果进行公示，接受群众监督，为群众解惑答疑，调查处理公示异议。

（5）建档造册：公示期满后，按要求进行土地承包经营权确权登记，填报《土地承包情况登记表》并建档造册。

（6）申请颁证：提出战旗村土地承包经营权确权登记申请，协助县农业部门发放土地承包经营权证，承包农户与社集体签订（完善）《土地承包经营合同》。

4. 组织领导

在县农村产权制度改革指导小组、镇党委政府指导下，成立战旗村土地承包复核清理小组，由战旗村时任党总支书记高德敏任组长，村民议事会成员为组员，具体负责战旗村各社的土地承包经营权实测确权登记工作。

5. 确权办法及方式

（1）按照"账实相符、据实确权"的总体要求，在基本稳定二轮土地承包关系的基础上，根据县国土资源局实测结果，将现有耕地的承包经营权，以户为单位，确权登记给现有集体经济组织成员。

（2）按照每亩666.67平方米的面积计算标准，以实际测绘的现有耕地和宅基地还耕后的农用地面积确权到户，并颁发《农村土地承包经营权证书》。农户二轮延包的承包土地台账面积记入历史档案。

（3）为贯彻落实党的十七届三中全会提出的"赋予农民更加充分而有保障的土地承包经营权，现有土地承包关系要稳定并长久不变"这一重要精神，根据国家相关法律法规和成都市有关统筹城乡发展的相关政策办法，战旗村实行"农村土地承包权长久不变"政策。

方案草拟后，召开村民议事会，讨论通过此方案，并提出解决问题的具体办法，形成会议决议纪要；户代表会（社员大会）讨论。参加会议户代表510人，占战旗村农户数的96.4%；同意此确权方案的户代表496人，占参会人数的97.3%，形成了土地实测确权具体问题的处理办法，并形成会议决议及具体问题处理办法。

（三）宅基地的确权

根据相关法律法规及政策的规定①，结合《战旗村集体土地及房屋确权方案》，战旗村集体建设用地确权的制度安排主要包括：确权对象和时间界定、集体建设用地的确权范围、确权原则、确权登记的规定以及特殊问题（村内农户协调指标问题）的处理。

第一，确权对象为以新型社区房屋分配时间（2007年6月20日）为节点的战旗村集体经济组织成员。非农人口按政策规定，暂缓确权。

第二，集体建设用地的确权范围是，战旗村新型社区和中心村范围内的集体建设用地，扣除幼儿园、变电站、便民服务中心、超市、广场、村党团活动室、企业占地以及村集体发展预留的集体建设用地外的建设用地，办理共用宗地，按照总确权人口，平均确权

---

① 见（一）确权、颁证的基本原则及（二）确权依据。

给农户，农户办理集体建设用地使用权证。

第三，确权原则是"一户一宅"。迁入社区的农户因拆迁安置时户型配置的特殊情况造成一户存在一套以上房屋都视为一宅。

第四，确权的面积是按照县统一规定的宅基地确权批准面积人均不超过35平方米。对社区住户的确权面积原则上以2007年6月20日的分房界定日所享受人口（战旗村集体经济组织成员）为依据，按照战旗村集体建设用地扣除幼儿园、变电站、便民服务中心、超市、广场、村党团活动室、企业占地以及村集体发展预留的集体建设用地外的建设用地，确定人均确权面积，计算农户应确集体建设用地总面积。其中，对原来已经搬入中心村居住的农户的确权办法和确权面积与社区农户的确权办法和确权面积一致。证书中批准面积人口按照登记时农户家庭实际现有人口界定。农户宅基地总面积中除批准面积外，其余面积以其他建设用地名义在土地登记卡和土地证书内注明。对农户的其他集体建设用地面积超过全村人均集体建设用地面积的，超出部分的面积确给村集体。

第五，特殊问题的处理。主要是村内农户协调指标问题。首先，对于调出指标的农户，按照该户当时的《拆（搬）迁协议》的安置总人口计算宅基地面积，并且扣除调出面积（调出的每个指标35平方米），其余面积确权给该农户。其次，对于调入指标的农户，按照该户当时的《拆（搬）迁协议》的安置总人口计算宅基地面积，并确权给该农户；对超出标准的面积，按照其他集体建设用地予以登记。最后，如果战旗村集体经济组织成员同意村集体建设用地的办法，则需要在《承包地和建设用地固化决议农户签字确认表》上签字。根据这个主要思路和办法，战旗村进行了集体建设用地的确权。

典型材料 2-3

战旗村产改确权情况汇总

全村确权的集体经济组织成员人数：1704 人

全村农村土地使用权确权户数：529 户

全村农用地面积：1938.36 亩

全村人均农用地确权面积：1.137 亩

全村集体建设用地使用权确权户数：526 户

全村集体建设用地使用权确权总面积：

全村集体建设用地使用权人均确权面积：81.35 平方米

房产证办理：全村共 606 套房，其中社区 575 套、原集中区 34 套

已办房产证：576 套（398 套统规自建房屋和 154 套统规统建房屋进行登记、确权、颁证）

未办房产证：30 套，其中 18 套未分配房屋，12 套为一户多宅或非农户口

（四）建立长久不变土地产权关系

十七届三中全会《中共中央关于推进农村改革发展若干重大问题的决定》（以下简称《决定》）指出：赋予农民更加充分而有保障的土地承包经营权，现有土地承包关系要保持稳定并长久不变。所谓"长久不变"，即在农村产权权属明晰后，集体经济组织成员对集体产权享有长久不变权益。其中的重大突破是，土地承包经营权的承包期限从 30 年改为"长久"。2009 年双流县兴隆镇瓦窑村，在成都率先试点产权"长久不变"改革。随后改革经验推进到成都全域，战旗村也在此阶段进行了产权制度改革。

为贯彻落实党的十七届三中全会《决定》提出的"长久不变"这一重要精神，依据国家相关法律法规和成都市有关统筹城乡发展的相关政策办法，在自愿、民主、公平的前提下，战旗村决定实行

土地承包经营权、宅基地使用权长久不变，并按"入户宣传动员、商议决议内容、商讨意见公示、表决签署决议、确定决议生效、送达生效决议"程序开展工作。

战旗村采取院落座谈、入户宣讲、发放资料等形式，将农村土地承包经营权和宅基地使用权长久不变的重大意义、涉及权利和政策规定等内容，向农民群众进行宣传和讲解，做到家喻户晓，确保农民群众知晓率达到100%，充分调动农民群众参与改革的积极性和主动性。

战旗村相关集体经济组织负责召集由集体经济组织成员参加的村民会议，就"农村土地承包经营权长久不变""宅基地使用权长久不变"事项召开会议。在会上会议主持人向参会人员详细阐述实行农村土地承包经营权长久不变、宅基地使用权长久不变的相关政策和内容。参会人员就战旗村实行农村土地承包经营权长久不变、宅基地使用权长久不变的主要权利、义务内容进行商讨，提出意见；经民主商议后，形成书面的商讨意见。商讨内容形成书面意见后，以决议书形式张贴公示。公示后，相关集体经济合作组织召开本集体经济组织成员会议对决议进行表决，并由本集体经济组织全体成员签字并按手印。无民事行为能力人或限制民事行为能力人由其监护人代为签字并按手印表决。经战旗村2/3以上集体经济组织成员签字并按手印同意后，确定决议生效。

（五）土地承包经营权长久不变

经过农村产权制度改革确权颁证，战旗村农用地已基本承包并确权到户，无机动地剩余。为贯彻落实党的十七届三中全会《决定》提出的"长久不变"这一重要精神，战旗村各社举行关于实行"农村土地承包经营权长久不变"有关问题的决议的村民会议，并决定实施长久不变的土地承包经营权。会议决议主要内容如下。

1. 长久不变后本轮承包期到期的处理

战旗村土地承包经营权长久不变后，土地承包经营权持有人对其所承包的土地享有长久不变的土地承包经营权,即承包期到期后,承包期限自动续期,集体经济组织不再收回重新发包。

2. 征地补偿收益归属

战旗村土地承包经营权长久不变后,该户承包地被征收、征用的,该承包地的补偿(包括但不限于土地补偿费、青苗补偿费及其他地上附着物补偿费)原则上归土地承包经营权持有人所有,即按照"占谁补谁"的原则进行补偿,补偿款不再归本集体经济组织或由集体经济组织成员平均分配,并不再为土地被征收、征用的农户调整土地。或由战旗村村民集体按照"自主、自愿、自治"的方式,讨论确定征地补偿收益的具体分配办法。

3. 长久不变后土地承包经营权的流转

战旗村土地承包经营权长久不变后,土地承包经营权持有人可以自愿在一定期限内以转包、互换、出租、作价入股等方式流转土地承包经营权,或以土地承包经营权整体或部分向银行申请抵押贷款;也可以将长久不变的土地承包经营权整体或部分一次性转让,并且可以在转让协议中具体约定征地补偿收益的归属,流转后所得收益归土地承包经营权持有人所有,本集体经济组织不予干涉。土地承包经营权可以继承、赠与。

4. 户籍变化

实行土地承包经营权长久不变后,土地承包经营权持有人自愿申请户口变化的,根据成都市城乡统一的户籍政策办理,战旗村给予积极支持。

5. 土地承包经营权一次性转让时优惠政策的享有

长久不变后的土地承包经营权转让的,该承包地与农业生产和耕地保护有关的粮食直补、良种补贴、农资综合补贴、耕地保护基金等各种政策性收益及相应的义务由土地承包经营权受让人享有和承担。

6. "增人不增地,减人不减地"

战旗村土地承包经营权长久不变后,不再为新增人员(包括自然性新增人员和社会性新增人员）调整承包地。新增人员可以通过继承、赠与、流转等方式获得土地承包经营权；也不再因死亡、迁徙、婚嫁等减少人员对承包地进行调整。

7. 承包地确权后未实际交地的收益归属

战旗村土地承包经营权长久不变后，对承包地实测确权时进行"小调整"，但因地块分散、面积较小，经调出方和接地方协商达成不实际交地的，该地块权属归接地方所有；由接地方流转给调出方耕种，其种植生产性收益归调出方享有；该地块涉及的耕保基金归接地方享有；若该地块有项目流转或土地被依法征收征用时，其产生的土地流转收益或征地补偿收益归接地方享有。调出方与接地方对以上约定一致认可，并共同承担该地块耕地保护的义务。

8. "五保户"问题

战旗村"五保户"去世后的承包土地和其他产权的处理，尊重五保户本人生前意愿。"五保户"离世前立有遗嘱或签订了遗赠抚养协议的，按遗嘱、遗赠抚养协议的内容并结合《继承法》的相关规定办理。如未立遗嘱或未签订遗赠抚养协议的，原则上谁抚养、谁继承。

9. 土地自然灾害损坏不补偿

战旗村土地承包经营权长久不变后，不再因自然灾害造成承包地毁损等特殊情形而调整土地。

10. 可以申请登记长久不变

战旗村形成的土地承包经营权长久不变决议，经公示和战旗村2/3的成员签字并按手印后生效（或以其他方式确定生效）。生效决议报县农业主管部门备案，县农业行政主管部门在权证登记系统中对战旗村进行土地承包经营权长久不变进行登记。战旗村村民可以自愿向县农业行政主管部门申请在土地承包经营权证上进行注明。未申请的，不影响本决议所涉及土地承包经营权长久不变的效力。

（六）宅基地使用权长久不变

经过农村产权制度改革确权颁证，战旗村农用地已基本承包并确权到户，无机动地剩余。为贯彻落实党的十七届三中全会《决定》提出的"长久不变"这一重要精神，战旗村各社举行关于实行"宅基地使用权长久不变"有关问题的决议的村民会议，并决定实施长久不变的土地承包经营权。会议决议主要内容如下。

1. 战旗村宅基地使用权分配基本情况

经过农村产权制度改革确权颁证后，战旗村可供村民建房居住所用的集体建设用地（宅基地）已全部确权到户。

2. 征地补偿收益归属

战旗村宅基地使用权实行长久不变后，宅基地被征收的，征地补偿全部收益（包括但不限于房屋补偿费、土地补偿费、安置补助费以及其他地上附着物补偿费）归宅基地使用权权利人所有，即实行"占谁补谁"，土地补偿费不再归集体经济组织或由集体经济组织成员平均分配。

3. 宅基地使用权的流转

战旗村宅基地使用权长久不变后，该宅基地使用权随其上附着房屋的流转而一并流转。转让房屋所有权和宅基地使用权后，不得再向集体经济组织申请宅基地用于修建房屋；宅基地使用权和房屋所有权的流转应当征得所有宅基地使用权权利共有人和房屋所有权权利共有人的一致同意；以转让方式流转的，权利人与受让人应就该宅基地被征收时可以获得的收益归属进行协商和约定，集体经济组织不予干涉；流转所得收益归宅基地使用权人和房屋所有权人享有，集体经济组织不予干涉。

4. 户籍变化

实行宅基地使用权长久不变后，权利人自愿申请户口变化的，根据成都市城乡统一的户籍政策办理，战旗村给予积极支持。

5. "增人不增地，减人不减地"

战旗村实行宅基地使用权长久不变后，不再为新增人员（包括自然性新增人员和社会性新增人员）分配宅基地。新增人员可以通过继承、赠与、流转等方式获得宅基地使用权。

6. "五保户"问题

战旗村"五保户"去世后，宅基地使用权和房屋所有权按照"五保户"生前的意愿处理。"五保户"离世前立有遗嘱或签订了遗赠抚养协议的，按该遗嘱或该遗赠抚养协议的内容及《继承法》相关规定办理。如未立遗嘱或未签订遗赠抚养协议的，原则上谁抚养、谁继承。

（七）农业股份合作社

战旗村合作社的全称是郫县战旗村农业股份合作社，合作社注册资金是82.4万元。合作社的经营宗旨是：统筹城乡经济发展、推进城乡一体化，建设社会主义新农村，从根本上解决"三农"问题，促进农村经济发展，壮大村集体经济，增加农民收入，实现合作社成员共同富裕。合作社的经营范围主要是通过合作社土地所有权、经营权的流转，实现土地在流转中的收益权，同时从事在餐饮娱乐、休闲、观光旅游等服务增值项目经营。农户以土地承包经营权委托农业生产合作社入股，每亩为一股，以当地土地流转年租金800元作价，村集体出资50万元入股，农户实行土地流转租金保底分红。合作社总股数为1145股，其中，村集体695股，农户450股。合作社股份采取股份证明书的形式，以人民币标明面值，每股800元。由农业生产合作以土地与战旗村集体共同组建战旗村农业股份合作社，入股土地交由合作社统一经营管理。除了三种特殊情况外，合作社不能进行任何买卖合作社股权证明书的行为。这三种特例分别是：第一，为减少合作社资本而注销股份；第二，与持有本合作社股票的其他合作社合并；第三，股东死亡、外嫁或依法从本村迁出，由股东本人（如死亡需其法定继承人）提出申请。出现这三种情况时，经合作社章程规定的程序通过，并报国家有关主管部门批准后，可回购本合作社的股份。此外，合作社的股份不能进行转让、赠与和抵押。如果因为国家政策变化、国家建设征地和其他不可抗拒的原因确需变动股份的，必须经理事会研究决定。合作社的股东为战旗村村民委员会和以土地承包经营权入股的社员。股东必须符合三个条件才能够得到批准。第一，股东必须是战旗村的村民，户籍在本村（截止日期为 2006 年 7 月 31 日）并且年满 18 周岁的户主。第二，承认战旗村农业股份合作社章程。第三，自愿申请并经过合作社批准。股东具有两项权力。第一，依照其所持有的股份份额获得股利和其他形式的利益分配；第二，推荐股东代表，参加股东代表大会。股东代表由各股东按 15：1 的比例进行推选，每 15 户股东推选 1 名代表，村支部书记、村主任及各社社长为固定代表。股东代表（包括代理人）对其所代表的股东负责，行使表决权。股东代表大会采用"一代表一票"的形式进行表决。合作社常设机构有理事会，理事会由股东代表大会选举产生，并对股东代表大会负责。理事会由 5 名理事组成，其中设理事长 1 名，副理事长 1 名，理事会成员 3 名。理事由股东代表大会选举或更换，任期 3 年，可连选连任。理事任期从股东代表大会通过决议之日起，至新一届理事会产生之日为止。此外，合作社还设监事会，监事会由 5 名监事组成，设监事长 1 名，监事长不能履行职权时，可指定一名监事代其行使职权。监事会的职权是检查合作社的财务并对合作社高级管理人员的职务行为进行监督。监事由股东代表大会选举产生，并对其负责。监事任期为 3 年，可连选连任。理事、总经理和其他高级管理人员不得兼任监事。以土地之外的方式入股的股东，不参与分配土地保底分红，只参与红利分配。利润分配顺序是土地的保底租金、土地增值收益的 50%，按股本进行分红。

图 2-3 是战旗村 530 户农户确权土地亩数和分布情况。11%的

图 2-3　战旗村 530 户农户确权土地亩数和分布

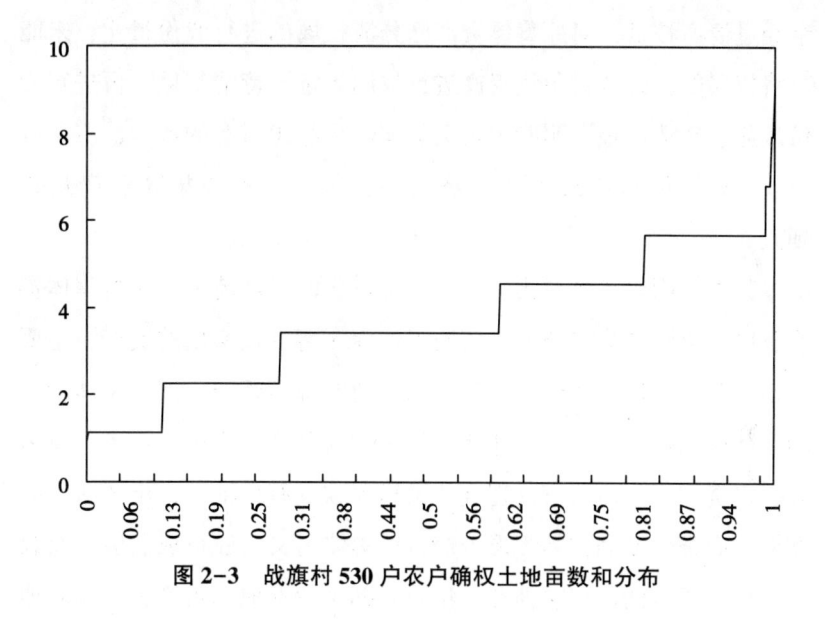

农户确权的土地为 1.137 亩；17% 的农户应该确权的土地为 2.274 亩；32% 的农户确权土地达到 3.411 亩；21% 的农户确权土地为 4.548 亩；18% 的农户确权土地达到 6.822 亩；此外，530 户中只有 2 户的确权土地能够达到 7.959 亩，1 户达到 9.096 亩。

(八) 农村集体资产股份量化

县农村集体资产清产核资和股份量化工作指导组办公室根据成都农村集体资产股份量化各项规定制定了《郫县农村集体资产股份量化操作规程（试行）》（郫县农村发展局〔2011〕81号）（以下简称《量化操作规程（试行）》）。战旗村基于此成立了战旗村集体资产股份制改革工作小组，工作小组成员由村集体经济组织负责人、民主理财小组成员、村议事会、监事会和各社社长共21人组成，负责试点工作的组织、协调和实施。战旗村集体资产股份制改革具体工作如下。

首先，明确了农村集体资产股份量化的工作对象。战旗村根据《量化操作规程（试行）》文件要求，集体资产股份制改革工作小组经过清产核资,对原集体资产已分清权属的进行股份量化;未能分清权属的,继续对集体资产进行权属界定,待清楚后,再进行股份量化。经清产核资明确为村级集体经济组织所有的资产,应形成决议,先量化到社级集体经济组织,再纳入社级集体资产量化到人。

其次,明确了农村集体资产股份量化的资产范围。农村集体资产股份量化资产为按照清产核资工作程序清理核实出的资产,主要包括经营性资产、非经营性资产和土地资源等资产,即:集体所有的未确权到户的土地,集体所有的未确权到户的房屋、设备、设施等固定资产,集体所有的现金、银行存款及有价证券,集体所有的商标、商誉、专利权等无形资产,以集体名义入股形成的股权及收益,集体所有的债权、债务,集体兴办企业形成的资产,以及其他资产。上级财政划拨的村级公共服务项目资金不纳入资产股份量化范围。债权债务经处置后,对已实现的债权纳入量化资产,对死账呆账按《村集体经济组织会计制度》进行核销处理。

再次,按照三个步骤落实村集体资产股份量化工作。第一步:制订方案、开展培训。在县、镇的指导下,战旗村工作小组根据《郫县农村集体资产清产核资和股份量化工作实施意见》(郫县产权办〔2011〕3号)等文件精神,结合实际,拟订集体经济组织股份量化工作实施方案,经集体经济组织成员大会讨论通过后实施。工作实施方案主要包括:工作程序、参加股份量化人员的条件、股份量化资产(包括资产种类、资产总量和资源总量)、股份设置形式、时间安排等内容。第二步:确定股份量化人员。由改革工作小组提出参与股份量化人员名单草案(包括户主姓名、性别、身份证号、家庭住址和股权人姓名、身份证号等),提交集体经济组织成员大会(或成员代表大会)审议后进行公示,公示期为15天。公示期满无异议后,形成决议;对有异议的,提交集体经济组织成员大会(或成员代表大会)重新审议和公示,再次公示时间不得少于

7天，公示无异议后形成决议。股份量化人员名单经决议确定后实行固化，不再因人口变动而调整。第三步：实施股份量化。第一是股份设置原则。股份按照清产核资清理出的资产总量以及资源总量以及确定的股份量化人数进行综合设置。先计算出资产总股份数和资源总股份数，再分别量化到人。村、社（组）两级的股份设置统一标准。集体资产股份量化，只设个人股，不留集体股。每个人员拥有股数为整数，不设小数。第二是股份量化到人。由改革工作小组提出股份量化到人的草案（主要包括进入量化的资产总量和资源总量、股份量化到人的总人数、设置的资产资源股每股含有的资产资源数量、资产股和资源股总股数、每个人头应持有的资产资源股数等），提交集体经济组织成员大会审议后进行公示，公示期为15天。公示期满无异议后，形成决议；对有异议的，需提交集体经济组织成员大会（或成员代表大会）重新审议并公示，再次公示时间不得少于7天，公示无异议后形成决议。改革工作小组结合股份量化资产、股份设置原则及股份量化人员，形成集体资产股份量化明细表。其中村级集体经济组织所有的资产，按各社（组）决议确定的股份量化人员数先量化到社（组），并建立资产资源量化到社（组）的登记簿；社（组）再将自有资产和村级量化到社的资产一并量化到人。第三是登记颁证。农村集体资产股份量化后，由集体经济组织统一到镇人民政府办理股权登记，以集体经济组织为单位，建立集体资产股权登记簿（台账），并由集体经济组织向股权人颁发农村集体资产股权证。股权持有人对股份享有所有权、处置权和收益分配权，可以继承、赠与和转让股份，不得抽回和提现。

（九）集体经济组织成员身份界定

对于农村集体经济组织的界定，学界有两种认识，一种是承认其是土地所有权人的组织延伸；另一种是认为集体经济组织是土地所有权的代表和管理者。不管哪种认识，都承认集体经济组织对农村土地资源的使用、配置至关重要。同时，集体经济组织成员的身份界定也至关重要。农村集体经济组织成员是一个动态的概念，这是因为一旦将组织成员组织身份界定落实，很有可能因为成员生老病死、外出迁移、非农业化以及城市化等因素造成集体经济组织的不确定性。但为了保障集体经济组织成员实现其对土地资源的使用和管理的经济、政治权力，集体经济组织成员身份的界定就尤为重要。

战旗村为统筹城乡经济社会发展，打破城乡二元结构，规范农村集体经济组织管理，发挥集体经济组织的管理能力，赋予农村集体经济组织及其成员长期而有保障的权利。根据国家有关法律、法规和政策规定，结合本村实际，制定了《战旗村集体经济组织成员身份界定办法》。该办法所称的农村集体经济组织，是指原生产大队建制经过改革后全体农民以生产资料集体所有等形式、实行独立核算的合作经济组织。

1. 农村集体经济组织成员资格认定原则

对农村集体经济组织成员资格认定的原则：具有农村居民身份的人员，遵循"依据法律、实事求是、尊重历史、公平合理"的原则，结合其土地承包、享受权利、履行义务等情况按照办法规定程序取得。

2. 农村集体经济组织成员资格取得方式

成员资格取得方式：分为原始取得、法定取得（婚姻取得、收养取得和移民取得）、申请取得。即按以下方式进行确认。

（1）原农业生产合作社或农业生产队以及社级集体经济组织的农业劳动者，且户口保留在本集体经济组织所在地，属本集体经济组织成员。

（2）现役义务兵属本农村集体经济组织成员；服义务期满留在部队改士官（8年以下）复员回原籍入户的，从复员的次年起属本集体经济组织成员；异地安置的复员士官按婚迁待遇入户的，属本集体经济组织成员。

(3) 大中专院校的在校学生（军校生除外），就读期间其户口由原籍临时迁入学校管理的学生，属本集体经济组织成员；学生毕业以后，按《成都市农民身份证明管理办法》（成都市农业委员会办公室〔2007〕83号）的有关规定迁回原籍的，属本集体经济组织成员。

(4) 因婚姻关系，按《成都市农民身份证明管理办法》办理入户后，迁入者属本集体经济组织成员。出嫁、丧偶、离婚以后户口在本集体经济组织的妇女，属本集体经济组织成员；男到女方离婚、丧偶以后户口在本集体经济组织的，属本集体经济组织成员。虽户口在本村，但已在异地登记为其他集体经济组织成员的，不视为本集体组织成员，不享受村集体组织成员待遇。

(5) 本集体经济组织成员在1992年4月1日《收养法》颁布之前收养而未办理收养登记手续的在册养子女，属集体经济组织成员；《收养法》颁布后，办理了合法收养登记手续的在册养子女，属本集体经济组织成员。

(6) 长年在外无音信的人员界定：无法定机关证明确已死亡的此类人员，暂按集体经济组织成员登记。基准日后5年内该成员能证明其仍然生存的，按集体经济组织成员进行确认登记，享受集体经济组织成员待遇；5年后仍无音讯的或有法定机关证明其于基准日前死亡的，不视为集体经济组织成员，不享受集体经济组织成员待遇。

以上六条基本考虑到了集体经济组织成员在生产生活中遇到的服役、求学、婚嫁、收养和无联系的情况。

3. 村集体经济组织的新增成员条件

除了对农村集体经济组织成员资格取得方式做要求之外，该办法对加入战旗村集体经济组织的新增成员提出了要求。

(1) 集体经济组织成员符合计划生育政策的新生子女，入户战旗村集体经济组织的，确认为战旗村集体经济组织成员。违反《计划生育法》的新生子女，按有关规定缴纳社会抚养费后，入户战旗村集体经济组织的，确认为战旗村集体经济组织成员

（2）集体经济组织成员第一次婚姻迁入战旗村集体经济组织的配偶；再婚满三年迁入本集体经济组织的配偶，确认为战旗村集体经济组织成员。

（3）集体经济组织成员刑满释放和解除劳教后，入户本集体经济组织的，确认为本集体经济组织成员。服刑和劳教期间的原本村集体经济组织成员，虽户籍不在战旗村，战旗村也给予人性化关怀照顾，视为本村集体组织成员。

4. 调查小组

战旗村在界定集体经济组织成员时设立了调查小组。调查小组成员由战旗村集体经济组织成员代表会议推选，并在村务公开栏中予以公布。其职责由战旗村集体经济组织成员代表会议授权。

该办法还规定，调查小组对战旗村集体经济组织成员的清查核实应以家庭为单位进行。成员资格认定名单由调查小组初步确认后，进行初榜公布，对认定人员存在异议的应重新调查审核后再榜公布。成员资格名单须提交本集体经济组织成员或户代表大会 2/3 以上表决通过并签字确认，战旗村村委审核后，作终榜公示。

作终榜公示后，对本集体经济组织成员资格认定仍有异议的，通过信访程序进行处理。

5. 新增成员申请加入本集体经济组织的操作程序

（1）成员资格的认定一年一次，具体认定时间由本集体经济组织成员大会讨论决定。

（2）本人（未成年人由其监护人）提出书面申请。

（3）申请人需提供本人的户口簿及相关证明材料。

（4）对存在异议的申请人由本集体经济组织成员代表会议授权的工作小组进行调查，再在本集体经济组织成员代表会议上讨论，

同一申请人调查讨论不得超过三次。

6. 成员资格取消条件

上文提到,因为集体经济组织成员是个动态概念,必须实时考虑到村内人口情况的变化,就此该办法通过确定成员资格取消条件,认定集体经济组织成员资格丧失。

(1) 户口迁出的。

(2) 自然死亡的。

(3) 依法宣告死亡的。

(4) 以书面形式自愿放弃成员资格的。

(5) 义务兵和士官服役期间提升为军官的。

(6) 服役期间留在部队当士官十年以上的。

(7) 大中专院校学生毕业后户口落户外地的。

(8) 被国家机关、事业单位、国有企业、群团组织、民主团体正式招、录、聘用的。

(9) 集体经济组织依法解散的。

(10) 其他法律、行政法规规定的情形。

7. 其他规定

(1) 集体经济组织成员资格实行实名登记制度。新增成员按第四条规定办理,战旗村集体经济组织成员资格丧失的应注销成员名单。集体经济组织应编制成员名册,每年定期公布一次。

(2) 战旗村的轮换工虽户口在战旗村,但按照社会公平原则,退休时已享受了国家退休待遇和社会福利,不界定为本村集体经济组织成员身份,不再享受承包地确权。

(3) 战旗村集体经济组织成员身份界定后,享受战旗村集体经济组织规定的权利,并承担战旗村集体经济组织规定的义务。

(4) 办法中未规定的情形,由战旗村集体经济组织成员代表会议依照法定程序讨论决定,但不得与国家法律、行政法规相抵触;办法自公布之日起执行。以后上级有新规定的从其规定;办法的解释权归战旗村村民委员会。

（5）集体经济组织成员身份界定后，集体经济组织应当建立档案管理制度，并将下列材料归档保存：新出生子女的出生证、户口簿复印件；婚姻迁入人员的结婚登记证、户口簿复印件；合法收养子女的收养证、户口簿复印件；刑满释放和解除劳教人员户口簿复印件；正在服刑和劳教人员户口有关手续复印件；归档材料须经本集体经济组织负责人签字盖章后存入档案。

四 效果评价与存在问题——总结战旗村土地改革模式

（一）土地运作模式的评价

战旗村运用农村产权制度改革成果，农户以确权后的土地承包经营权入股，村集体注入50万元现金，组建了战旗农业股份合作社。通过"800元/亩保底+50%的二次分红"的办法，合作社集中农户土地1800亩，并为下一步引进龙头企业和农业产业化做了铺垫；此外，战旗村通过产权改革，解决了村民住房问题。在这一过程中，战旗村同成都全域其他乡村一道开展了"拆院并院"项目，并建立"新型社区"。富有战旗特色的"新型社区"既涵盖着老百姓农作淳朴的风格，又不失农业现代化产业繁荣发展带来的新气象。

（二）土地运作模式存在的问题

战旗村土地改革作为成都土地改革的典型，已经做出了有益的尝试，取得了相当的成效，但同样也面临着一些困难和挑战。总结战旗村的土地改革，仍然有需要进一步向前推进的方向。最为突出的问题就是，加强立法和规章制度建设。从战旗村模式来看，村民议事会最初由农村产权制度改革过程中的确权开始，村民议事会的作用在之后的村级公共服务和社会管理改革中被不断延续和扩大。但是，在我国的法律体系中，村民议事会制度目前还缺乏明确的法律地位。实地调研发现，议事会的法律地位、权利责任和议事规章制度都缺乏清晰明确的界定。同时，相关实施细则也有待于进一步细化。只有通过立法，以法律形式明确议事会及其成员的地位、权利、责任和规则，才能真正赋予这一基层社会治理形式合法性，也才能充分发挥议事会的作用。其次，在分红和再投资之间如何取得平衡。我们调研时发现，战旗村在土地改革之初，入社的农民并没有实现多少额外利润分红，主要原因在于企业发展刚刚开始，并没有实现太多的利润，而且为了企业进一步扩大经济规模和资金投入的需要，在最初几年，用于企业发展的留存资金要明显多于利润分红，但是随着经济发展和社会宏观通胀压力，基本的保底加提成原则可能会出现名义收入增加但实际收入减少的现象。因此，为了避免这样的潜在风险，保底加提成的原则中应该考虑"通胀"和"分红比例"。

五 本章小结

唐昌镇战旗村村域面积仅2.1平方公里，耕地1938.36亩，辖9个村民小组，总人口1704人。自2008年以来，坚持"政府引导、农民主体、规划先行、市场运作"的思路，突出以农村产权制度为核心、以土地综合整治为抓手、以农村新型治理机制建设为基础、以村级公共服务和社会管理为保障，统筹实施新农村建设，推进农业现代化、农村城镇化、农民社区化。

战旗村是成都市第一批运用农村型基层治理机制的建设成果，充分尊重群众意愿、发挥群众主体作用建设新农村的示范典型；是成都市第一个按市场化机制实施土地综合整治增减挂钩项目建设的农民集中居住区；是成都市第一个集体经济组织与企业合作开发集体建设用地，以土地作价入股发展产业实体的试点项目；也是小城镇投资公司第一批融资建设的农民集中居住区之一，并成为农村土地改革的典范。

第一，土地综合整治：运用城乡建设用地增减挂钩政策，向成都市小城镇投资公司融资9800万元，实施土地综合整治，整治后节余集体建设用地208亩，新增耕地209亩。挂钩到城市使用208亩建设用地，可实现土地出让收益1.3亿元，除偿还融资本息1.15亿元外，剩余的1500万元专项用于战旗现代农业产业园基础设施配套建设。

第二，新型社区规划建设：由群众自愿选择是否参与和自愿选择采取统规统建、统规自建两种方式，建成了9.1万平方米的战旗新型社区，并按"1+13"的配置标准，同步规划建设了标准化的便民服务中心、卫生（计生）站、社区幼儿园、综合文化活动中心等公共服务配套设施。

第三，产业发展和农民增收：通过土地综合整治，有效地促进了现代农业发展和农民持续增收。运用农村产权制度改革成果，农户以确权后的土地承包经营权入股，村集体注入50万元现金，组建了战旗农业股份合作社。通过"800元/亩保底+50%二次分红"的办法，合作社集中农户土地2000亩。合作社利用确权后的集体资产向银行抵押融资150万元，建成了15亩的现代化育苗中心、800立方米的气调库和400亩无公害蔬菜示范基地；引进16户种植大户流转合作社土地460亩，发展家庭适度规模经营；引进成都榕珍菌业、北京东昇集团等龙头企业流转合作社土地近900亩，发展设施农业、科技农业、有机蔬菜等高端项目。龙头企业和种植基地吸纳近1000个农民务工，实现了农民就地就业、增收。

第四，一、三产业互动：利用土地综合整治预留给村集体经济组织的23.8亩集体建设用地，通过农民集体与企业谈判，以50万元/亩作价入股，与四川大行宏业合作，规划建设"战旗第五季·

生态田园村",已建成 20 亩的设施观光农业园和 3 万平方米的休闲会所、乡村酒店等一、三产业互动项目。

  总之,随着中国经济社会发展的需要和未来中国经济改革的压力,农村土地改革不仅是创造改革红利的主要领域,也是实现农业现代化的主要保障。战旗村作为农村土地改革的缩影和成功案例,以农村土地综合整治、新型社区规划建设、产业发展和农民增收途径为主要特征,将形成典型的农村土地改革示范村。为今后中国农村土地改革提供了一条可能且可行的实践路径。

第三章

土地规划、集中居住与城乡统筹：一个村庄的视野

为了改善战旗村村民的居家环境，把战旗村打造成为环境优美的宜居之地，2007年，战旗村运用"资源换资本"的方式，引进外部资金，通过整理复垦村民原有的宅基地、院落等，新增440.8亩土地，其中215亩用于安置村民及基础设施，225.8亩用于置换资金。在各级领导的关心和支持下，通过广泛深入发动，在充分尊重农户意愿的基础上，战旗村新型社区于2007年8月21日正式奠基动工。新型社区规划人口3000人，总占地面积315亩。社区一期占地215亩，投资9500余万元（含全村基础设施配套建设），入驻人口1655人，新型社区共修建低层别墅式楼房401套，建筑面积7.45万平方米，修建公寓式多层楼房171套，建筑面积1.45万平方米，修建幼教、商业、供水、污水处理、服务中心等功能配套房0.24万平方米。战旗村新型社区已于2009年初基本建成，并在2009年4月10日通过民主的方式，一次性成功地分房。至此，战旗村村民集中居住，腾地换钱，彻底告别"脏、乱、差"的生活环境，开始过上"出门见花草、在家能上网、喝水靠自来、煮饭用燃气"的城市生活。

一　土地整理规划

按照成都市农村工作会精神和县委县政府总体要求，在深入开展调查研究、广泛征集群众意见的基础上，战旗村新确定了农村建设发展总体规划：依托沙西线休闲旅游产业带建设和临近"柏条河"优势，立足战旗村现有农业基地和企业基础，大力推进新型社区建设，配套发展产业支撑，培育壮大集体经济，辐射和带动周边2—3个村，形成以现战旗村为核心放大的新型社区，打造沙西线休闲旅游产业带西端的一个重要节点，建设全县乃至全市新农村建设精品示范点。2007年重点完成战旗村建设发展五年规划（包括新型社区建设、产业发展、基础设施建设、社会事业发展及基础组织建设等专项规划），并完成中心村首期农民集中居住房及基础设施、配套公益设施建设，入住1700人。

（一）规划设计原则

战旗村新型社区首期建设面积8.3万平方米，公建及商业配套5464平方米，主力户型80—120平方米，战旗村新型社区采取两种方式进行建设——统规统建和统规自建。之所以有自建房，是为了突出农民的主体地位。而统一规划，保障了社区风格的协调一致，具体采用哪种方式，取决于村民自愿。规划设计过程充分吸纳农户意见和建议，做到户型设计方案、效果图设计与农户见面并征得农户同意后再确定；户型及套型按自愿原则落实到全村每户，社区总评方案设计，经专门机构设计完善后确定。

（二）新型社区与农业产业现代化

除了以上内容外，战旗村新型社区建设将坚持以产业为支撑，采取系列措施，实现一、二、三产业同步发展。战旗村在搞好精品蔬菜种植规模的同时，还将配套建设现代农业产业园，全力打造体验农业、高新农业和生态休闲农业。战旗村现有集体企业7家，5家私营企业，下一步将依托集体经济，引入现代企业制度，为战旗村的第二产业注入活力。

（三）规划设计多管齐下

据了解，新社区建设是由成都市新农村和新型城镇化建设的排头兵和主力军——成都市小城镇投资有限公司全额投资8561万元建设的社会主义新农村建设示范点，此项目于2007年奠基开幕。战旗村新型社区是小城镇投资公司首批启动的14个农村新型社区中进展最快的项目，竣工时战旗村的1561名村民将享受乡村别墅般的优美环境，统一的川西民居风格，集中配套的商业设施以及与城市居民无异的生活。在项目开展前，战旗村与成都市小城镇投资有限公司深度合作，报送村内基本情况，包括人口资源状况（村域总人口，组数，总户数；总劳动力，其中高中及其以上在校生人数；常年外出务工的人数）、土地资源（村域土地资源总亩数；其中农业用地亩数；其他用地"含林地、草地、水域"亩数；荒地"滩涂"亩数；集体建设用地亩数；宅基地亩数）、农业及产业状况（农业生产情况及吸纳劳动力情况；二、三产业发展情况及吸纳劳动力情况）、土地利用规划概况（村域土地利用整体规划及土地整理专项规划）、村规划概况（村规划和农村新型社区规划情况）、产业化发展规划（拟发展的产业、规模）、基础设施状况（道路：是否实现"村村通"，村级公路等级、长度，路面硬化程度；人畜饮水：村域人畜饮水情况；村域供电、生活能源情况）、存在的主要问题（包括制约项目区域经济发展的主要方面：交通条件、产业结构、村民素质、人居环境、设施欠缺等）。

战旗村新型社区建成后，农民集中程度较以往大大提高。过去土地整理项目和拆院并院项目常是各做各的，最后的结果是农民集中程度不高，修建的集中居住区水平、档次也参差不齐。战旗村新型社区建设采取的是土地综合整理模式，即拆院并院、新型社区建设和土地整理同步进行。

同时，战旗村两委领导组建了战旗村农村新型社区建设协调小组，并制订了战旗村农村新型社区建设协调小组方案，即农村新型社区建设宣传方案和农村新型社区建设具体管理方案。在制定新型社区建设管理制度中，存在对社区的总体形象和系统规划设计不统一等问题，如对绿化植被类型及树种的要求，对社区景观元素色彩、图案、样式的要求以及对亮化、标牌、广告牌的要求，是否需要确定标志图案，等等。

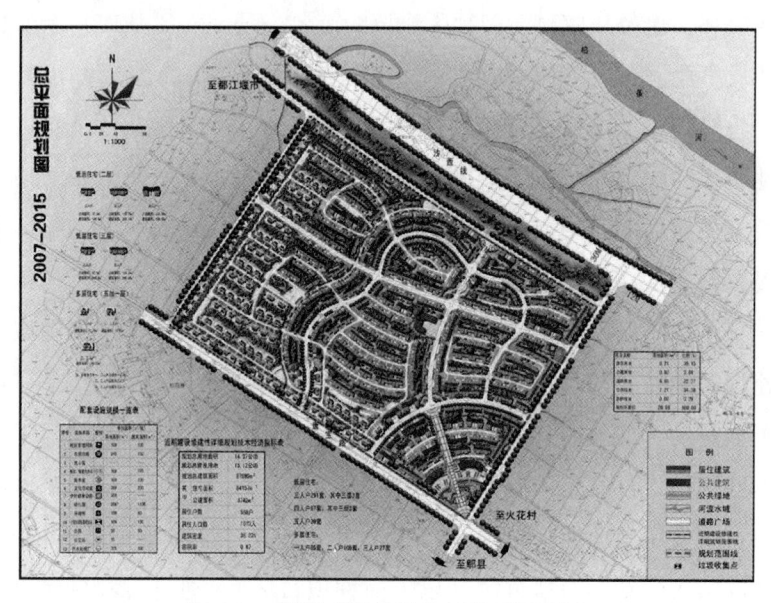

图 3-1　郫县唐昌镇战旗村总平面规划

图 3-1 为郫县唐昌镇战旗村总平面规划图，我们可从图上清晰地看到战旗村道路网络和河流水域交错纵横，公共绿地围绕建筑，郁郁丛生。居住建筑排列有序，按照图示规划分三期建成；公共建筑群分别位于战旗村中心和东南角，图中伴随显示出配套设施位置和数量。

二 拆院并院

拆迁是战旗村执行总体规划过程中最难进行的一项工作。作为市、县2007年新农村重点建设项目，战旗村对"拆院并院"工作进行了充分的准备，对各类型土地进行了仔细的勘验，对拆迁工作进行了宣传动员，对工作中出现的新问题及时发现并妥当处理。

（一）"拆院并院"项目介绍

拆院并院项目是成都市集体建设用地整理与集中使用工作的重要一环，也是战旗村新型社区建设的重要一环。对于战旗村新农村建设事业，拆院并院意义非凡。2007年拆院并院作为成都市新农村建设的重点项目，成都市贯彻落实国务院《关于深化改革严格土地管理的决定》（国发〔2004〕28号文件）和《关于加强土地调控有关问题的通知》（国发〔2006〕31号文件）精神，并根据国土资源部《关于规范城镇建设用地增加与农村建设用地减少相挂钩试点工作的意见》（国土资发〔2005〕207号文件）和《四川省城镇建设用地增加与农村建设用地减少相挂钩试点管理暂行办法》（川国土资发〔2006〕106号文件）的规定，制定了"拆院并院"工作实施细则。目的是依据土地利用总体规划，将若干拟复垦为耕地的农村建设用地地块（拆旧区）和拟用于城镇建设的地块（建新区）共同组成建新拆旧项目区（以下简称项目区），通过对农村建设用地的建新拆旧和土地复垦，改善农民生产、生活条件，推进社会主义新农村建设，使土地利用布局合理、结构优化，最终实现项目区内建设用地总量不增加、耕地面积不减少、质量不降低、基本农田质量不下降，提高农业生产率、实现农业产业规模化经营。细则直接道出了为什么、要怎么样实施"拆院并院"项目。

根据成都市国土资源局提供的数据，2007年暂行办法实施后，成都市该年违法用地立案数量为825宗，涉及土地面积2.27万亩，违法用地立案宗数较2003年减少了超过40%，挽救违规用地数量较2003年减少超过50%。

2008年，天灾降临。"5·12"汶川大地震中，四川多地受灾。统计数据显示，2008年汶川地震共造成成都市死亡4276人，失踪1271人，受伤人数超过26000人。受灾农户高达27万户。灾后农村居民暂居在临时搭建的板房里。对于此次地震后的重建工作，让农民重新返回家园继续农作生活势在必行，从而使"拆院并院"项目的推进提上日程。《成都市集体建设用地整理与集中使用管理暂行办法》（成国土资发〔2008〕356号文件）2008年出台后，继承了2007年实施细则在具体操作上的基本原则。

对于此次"拆院并院"项目，战旗村的基本思路大体可以总结为：拆旧区，即整理农用地、农村建设用地、未利用地，同时等量用于城镇建设用地。通过为城镇依法供地获得资金收益来反哺农村，用于农村基础设施建设、土地整理、环境改造、社区建设等，以促进郫县辖区农村进一步加紧实现建设社会主义新农村。郫县"拆院并院"项目以唐元镇长林村为试点，总结了多个试点村的做法并在全县推广。具体做法可总结为：征求农户意见，尊重农户意愿。以"拆院并院"为核心的土地综合整理是一件为群众谋福利的大好事，它将极大地改善平原地区的生产条件和群众生活。但农村院落宅基地整理涉及千家万户，群众是否接受、是否满意，是工作展开的关键和前提。在工作中，战旗村干部将农民自愿参与放在首位，充分尊重农户意愿，积极引导。战旗村向"拆院并院"试点村——长林村学习，先后组织召开了村社干部群众动员会、党员大会、社员大会，发放了大量农户意愿调查表，广泛收集群众意见并制作成宣传提纲。通过把政策交给群众，使群众自愿参与到"拆院并院"工作中来，广泛地宣传和耐心细致地工作；科学规划设计，节约集约用地。依据县、镇、村土地利用总体规划和挂钩专项规划，聘请专业设计单位，在全村1∶500土地利用现状实测基础上，做好全村道路、沟渠、安置点、村镇建设用地预留区等的规划设计；完善配套措施，保障持续发展。战旗村对经过"拆院并院"项目整治后的成片耕地进行包装招商，引进农业龙头企业，实现土地向规模经营集中，调整和优化农业产业结构。此外结合试点村落有利条件，通过改善该村的生产生活条件，加大以社会事业为主的公共设施配套建设。

作为挂钩项目最重要且最基础的部分，乡村"拆院并院"项目尤为关键。战旗村在郫县和唐昌镇干部的帮助下，扎实工作，在短时间内对需要拆除的旧区房屋进行摸底，向住户发放问卷后总结调查结果，并对村民关心的问题作出解答后撰写"拆院并院"土地综合整合工作的宣传提纲。为做好宣传工作，各级干部加足马力积极落实宣传工作[①]；宣传工作的落实有实质工作的跟进，根据住户对"拆院并院"项目的想法和建议，各级干部特请专家进行专业评估，草拟了多个方案，每个方案都立足战旗村自然环境、生产生活情况和问卷反馈中得到的村民的具体意见；在对未来战旗村的规划中，专家和干部们考虑到了新型社区、现代农业产业园、村内道路沟渠等现实情况，并且制订了具体建设管理方案。

（二）项目实施过程

战旗村自2007年3月初明确将于2007—2008年开展"拆院并院"工作，于2007年3月中旬完成全村501户农户的意愿调查，村民集中居住的意愿明显，总共有496户农户在意愿调查表上签字，表示支持战旗村开展此项工作。2007年3月下旬，镇村干部及时完成全村农房影像资料的固定，共拍摄彼时状态照片1000余张，并全部输入电脑，完成归档整理为信息台账。2007年4月，在郫县国土局、规划局、建设局的关心支持下，开始进入新型社区建设点

---

① 具体宣传方案可见本章后典型材料。

位的规划及战旗村的总体规划，规划方案经过多次调整、比对、选取，新型社区建设布局方案最终确定。2007年4月下旬至5月，唐昌镇开始了广泛的宣传动员。在此次宣传活动中，共发放宣传提纲500多份，张挂横幅20余幅，站立式宣传用标柱15条，召开社长以上会议十余次、召开全村村民大会和户代表会2次，在会上和会下全方位地将此次"拆院并院"工作的目的意义、补偿方式、新居建设、户型方案等内容做了深入细致的宣传，得到了广大社员群众的理解和支持。

2007年5月上旬，进入"拆院并院"工作的执行阶段。战旗村村干部在建设局和规划单位的支持下，选择明确了低层楼房和公寓楼的户型方案；中旬开始，战旗村村干部用10天时间，对全村农户对新居户型的选择进行了全方位的摸底调查，并以公告的形式固定了确定户型的截止时间。通过调查，最终明确战旗村"拆院并院"户型。新居总套数为559套，其中低层楼房397套，公寓房162套。完成户型调查后，迅速进入勘验封户、签订补偿协议的拆迁工作，并且在签订补偿协议的同时以倒换手续的方式收取建房（购房）的预付款。首批完成勘验封户200余户，签订拆迁补偿协议120余户。对新型社区建设点位的拆迁补偿先行开展，经过耐心细致的工作，首批新型社区建设点位内15户农户签订协议14户，完成搬迁14户。对新型社区内农户青苗补偿方案确定和完成补偿；受季节影响的苗木和蔬菜的补偿延后进行。

建设工作中，首先是土地整理及拆迁工作，包括勘验、协议、拆迁工作，实现"三通一平"（通电、通水、通路、场地平）。在此过程中，涉及约600株青桐的迁移问题。青桐因高温、湿季、生树，移栽成活率低，单株价高（600—700元/株），在不影响地勘（株距≥1.2米，行距≥1.5米）及建设进度情况下，允许相关农户定期自行迁移。在过程中，面临青苗、苗木、房屋、林院、生产用房等拆搬迁补偿费用的困难，经筹措，保障了前期工作的顺利开展。

62 城乡一体化之路有多远

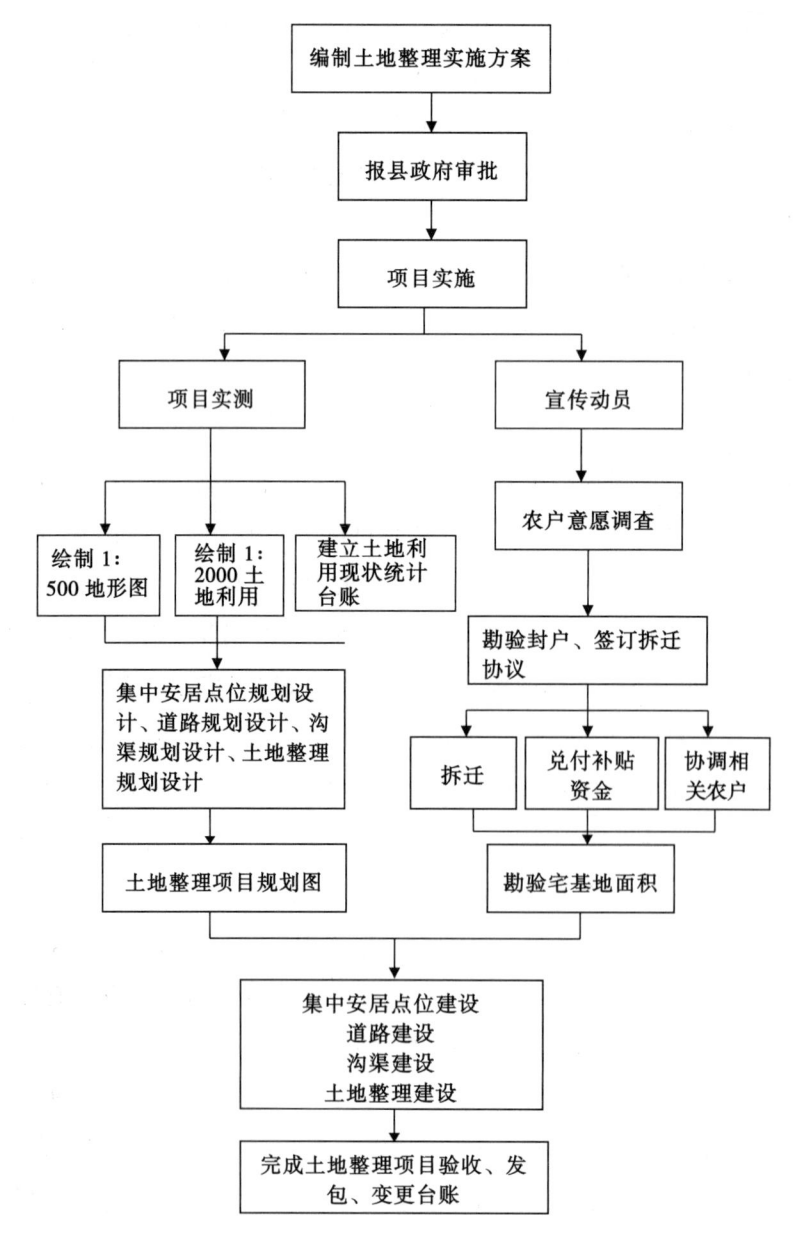

```
                编制土地整理实施方案
                         │
                     报县政府审批
                         │
                      项目实施
                    ┌────┴────┐
                 项目实测      宣传动员
              ┌────┼────┐        │
           绘制1:  绘制1:  建立土地利   农户意愿调查
           500地  2000土  用现状统计       │
           形图   地利用   台账        勘验封户、签订拆迁
              └────┬────┘              协议
                   │                    │
              集中安居点位规划设     ┌───┼───┐
              计、道路规划设计、沟   拆迁  兑付补贴 协调相
              渠规划设计、土地整理        资金   关农户
              规划设计                └───┬───┘
                   │                    │
              土地整理项目规划图      勘验宅基地面积
                         │
                         │
                   集中安居点位建设
                     道路建设
                     沟渠建设
                    土地整理建设
                         │
                   完成土地整理项目验收、发
                    包、变更台账
```

图 3-2 郫县唐昌镇战旗村"拆院并院"土地整理项目工作流程

按照拆迁安置协议的规定，对于未执行旧房拆除的居民户房屋，实行强行拆除旧房。2010年4月22日经村民代表会和村民议

事会讨论通过，并由村民委员会向未拆迁户发出限期拆除的通知。经战旗村村民议事会于2010年7月5日开会讨论决定，对还未拆除的旧房按照拆迁安置协议的规定进行强制拆除。

从图3-2可以看到，除了上文提到的项目实测和项目宣传等内容外，最后的土地整理项目验收、发包以及变更台账等项目也尤为重要。事关此次土地整理项目的最终结果，战旗村两委同相关责任部门勘察验收最后确定项目竣工。

三　新型社区建设项目

（一）建设项目区概况

地理区位及范围。唐昌镇战旗村隶属成都郫县唐昌镇，地处横山脚下，柏条河畔。位于郫县、都江堰市、彭州市三市县交界处。幅员面积2950亩。按照成都市农村新型社区建设规划标准要求：农村新型社区的规划区（辐射带动区域）以新型社区点为中心，1.5—2公里为半径所包含的区域。按此标准测算，战旗农村新型社区的规划区包含战旗村、辐射横山村、火花村、金星村3个村的全部村域。

区域自然概况。战旗村地貌类型分区属四川盆地川西平原区，具有川西坝区的典型特点，区内地貌简单，地势平坦，无山无丘。

人口资源情况。战旗村总人口1704人，农业人口1636人，共9个小组，总户数529户。2006年人均纯收入5424元，贫困人口13户，29人，总劳动力984人，其中高中及以上文化程度的人数128人，常年外出务工的人数118人。

土地资源情况。战旗村土地资源2950亩，其中农业用地2344亩，耕地2108亩，其他农用地236亩，草地0亩，河滩水面0亩，荒地滩涂56亩，农村宅基地440.8亩，独立工矿建设用地109.2亩，人均耕地1.07亩。

农业生产情况。战旗村粮食作物以水稻、小麦为主，经济作物以油菜、蔬菜和花卉苗木为主。全年粮食生产总量98万公斤。主要养殖猪、鸡。2006年人均占有粮食596公斤。全村土地流转率达到40%左右。

产业发展情况。战旗村拥有集体企业7家，集体资产1280万元；私营企业5家。多数为农产品加工企业。2006年，全村集体企业实现销售收入7000万元，利税470万元；私营企业实现销售收入2000万元，利税100万元。全村土地规模集中度达40%以上。

基础设施情况。村级公路4公里，社级公路6公里，村社公路路面硬化达10公里；村内斗渠4条，长9.5公里。

产业发展构想。巩固发展壮大现有村内企业，提档升级，不断提高企业效益。以现代农业产业园为载体，推进传统农业向现代农业转变，实现规模化、标准化、品牌化生产，提高农业综合效益，大力发展现代农业。

存在的主要问题：水、电、气基础设施欠缺；产业结构有待进一步调优；农村新型社区建设缺乏启动资金。

图3-3 战旗村新型社区鸟瞰

(二) 建设项目背景

为建立健全农业农村资源的市场化配置机制，多渠道增加对"三农"的投入，成都市委、市政府于2007年2月23日正式发布了《关于进一步健全市场化配置资源机制，提高城乡统筹发展水平的意见》(成委发〔2007〕16号文件)，根据该意见，成都市正式确定组建了成都市小城镇建设投资公司，以便顺利实现现代农业发展新突破，并进一步提高成都市城乡统筹发展水平，巩固、发展、完善、提升推进城乡一体化成果。因此，加快小城镇发展，提高农民集中居住的承载能力，成为日益突出的问题。近几年，战旗村产业迅速发展，态势较好，相对薄弱的基础设施已经逐渐成为该村继续快速发展的瓶颈。因此，改善基础设施，建设新型农民社区，改善居住环境，构建和谐农村，已经成为政府亟待解决的问题之一。基于以上的综合考虑，新型社区建设项目由此而提出。

(三) 建设项目必要性

推进城乡一体化建设，实现城乡共同发展共同繁荣，促进社会经济全面协调发展。树立以人为本，坚持全面、协调和可持续的发展观是我国当前的重要发展战略。项目区原有城乡差别大，农业发展缓慢、影响农民增收的深层次问题是项目建设的动力。成都市郊区城镇化发展滞后，制约了农民向非农产业的有序、有效转移。农业产业化经营水平不高，农民的生产、生活条件较差，农村基础设施落后，城市经济对农民增收支持力度有限。目前，随着产业结构调整和城市化进程的加快，农村城市化进程中农民集中居住的诸多问题也日益凸显。农民中心村工程的建设，促进了农民新型社区的建设，改善了农民的生活条件，提高了农民的生活品质。通过城乡一体化建设，农民集中居住，完善中心村配套基础设施，提高农民生活水平，促进社会经济全面、协调和可持续发展。

统筹城乡发展，推进城乡一体化，是解决"三农"问题的重大措施。郫县唐昌镇战旗村建设"中心村"，使农民集中居住，将原有宅基地置换出来，提高土地集约化利用水平。同时大力发展优势产业，并对农民进行就业培训，为农民提供多种就业机会，真正让农民成为有保障、有工作、有文化、有文明习惯和生活方式的合格市民，加快融入城市生活，从而切实解决"三农"问题。新型社区建设项目的实施有利于安定团结和缩小城乡差别，加快城镇化进程，使战旗村的农村面貌、人民群众的生活环境、配套设施都更加优化，让更多的农民在统筹城乡经济发展中得到利益，享受到城乡一体化带来的实惠。

有利于切实改善战旗村村民的生活条件。建设新农村，农民向中心村集中，建设农村新型社区，不仅仅是农舍搬进小区，关键是观念和素质的变化。战旗村中心村工程建设将从根本上改变该村村民的生活习惯，提高村民生活水平和品质。

有利于改善战旗村基础设施薄弱的现状。沼气净化设施工程的实施将彻底改变该镇污水随意排放、河流水质较差、周边环境较乱的现状，同时可以对沼气进行回收，达到循环经济的目的；新建自来水厂将从根本上实现农村安全饮水的目标；道路等其他工程建设将使村民享受到与城市同等的公共服务实施。

有利于战旗村优势产业的巩固、发展和提升，为产业结构升级打下坚实的基础。目前战旗村正面临新的发展阶段，产业优势明显，企业不断增加，规模逐渐扩大，因此加快中心村工程建设，将进一步有利于该村产业结构的升级。

（四）建设内容及规模

根据战旗村实际情况，今年将吸纳1500人左右的村民集中居住。拟对战旗村进行农村新型社区建设，建设内容主要包括：道路及管线工程、自来水厂工程、沼气净化设施、电网改造、配套公建设施、社区服务中心、公共绿化设施等工程建设。

道路及管线工程。解决村民蔬菜运输、生活、生产用道路的问题；基本实现雨污分流，满足村民自来水、燃气供给。具体工程见表3-1。

表3-1　　　　　　　道路及管线工程量统计

	工程内容	单位	工程量	规格	面积（平方米）
一	道路工程				
1	14米宽道路	米	1500	14	21000
2	12米宽道路	米	1200	12	14400
3	9米宽道路	米	3000	9	27000
4	7米宽道路	米	5000	7	35000
合计		米	10700		97400
二	管线工程				
1	B400 H800 雨水方沟	米	2700	B400 H800	
2	B400 H600 雨水方沟	米	8000	B400H600	
3	d300 污水管	米	8000	d300	
4	d400 污水管	米	2700	d400	
5	Dg57*3.0 天然气管	米	8000	Dg57*3.0	
6	Dg89*3.0 天然气管	米	2700	Dg89*3.0	

资料来源：战旗村内部资料。

自来水厂工程。建设自来水厂一座，基本解决战旗村村民生活及生产用水问题。该水厂设计供水能力为0.15万吨/日，含高位水池一个。

沼气净化设施。建设沼气净化设施一座，基本解决战旗村村民生活及生产污水的排放处置问题。同时对沼气进行回收利用，达到循环经济的目的。该沼气净化设施处理能力为0.15万吨/日。

电力配套工程。通过实施电力配套工程，用电量由330千瓦增至1830千瓦，基本满足村民生活及适量的生产性用电。新增4个变压器，增设电线及电杆等。具体工程见表3-2。

表 3-2　　　　　　　　　电力配套工程量估算

	工程内容	单位	工程量	规格
一	电力线工程			
1	YJV-8.7/10-3×35 电线	米	2700	YJV-8.7/10-3×35
2	YJV-0.6/1-3×70 电线	米	8000	YJV-0.6/1-3×70
合计		米	10700	
二	变压器			
1	315kVA 变压器	个	1	315kVA
2	400kVA 变压器	个	3	400kVA
合计		个	4	

公共设施工程。通过公共设施的建设，基本保障村民集中居住后的公共服务需求。具体工程见表3-3。

表 3-3　　　　　　　　　公共设施工程量估算

	工程内容	单位	工程量
一	农贸市场	平方米	350
二	邮政储蓄代办点	平方米	100
三	幼儿园	平方米	500
四	公厕	平方米	30
五	公共健身设施	平方米	
六	社区公共绿化及设施	平方米	
合计		平方米	980

社区服务设施工程。通过社区服务设施建设，基本满足村民文化生活、就医及社区管理需求。具体工程见表3-4。

表 3-4　　　　　　　　　社区服务设施工程量估算

	工程内容	单位	工程量
一	社区管理用房	平方米	300
二	放心店	平方米	100

续表

工程内容		单位	工程量
三	图书室	平方米	350
四	医疗所	平方米	600
合计		平方米	1350

农民新居工程。基本满足该村村民居住及配套经营性用房需求。按1人户、2人户及50%的3人户入住公寓楼,4人及以上户均入住低层联体楼房。低层楼房人均建筑面积按45平方米计,公寓楼人均建筑面积按35平方米计。据战旗村统计,进入集中区的农户总户数469户,人口1561人,按其农户人口结构情况测算总建筑面积为:

1人户40户,2人户80户,3人户185户,共480人入住公寓楼,公寓楼建筑面积为:480×35＝16800平方米。其余共1081人入住低层联体楼房,低层楼房建筑面积为:1081×45＝48645平方米。配套经营性用房人均10平方米,经营性用房建筑面积为:1561×10＝15610平方米。合计该项目农民新居工程建筑面积为8.1万平方米。

(五) 项目实施计划

建设项目实施计划视工作顺序及资金组织情况,新型社区建设项目建设工期1年,具体安排如下(见表3-5):

2007年4—6月,完成工程的设计、可研编制、招投标、征地等前期工作。

2007年7月—2008年2月,完成有关的道路、管线、建筑工程及配套设施等建设工程。

2008年2—4月,完成项目的竣工验收及交付使用。

表 3-5　　　　　　　　　　项目实施进度

工作阶段	2007 年		2008 年	
	4—6 月	7—12 月	1—2 月	2—4 月
设计、可研编制、征地及招投标等前期工作	━━━			
建设工程		━━━━━━━━━━		
竣工验收及交付使用				━━

建设项目投资估算不含建设期利息。

战旗村中心村建设项目估算投资为 9783 万元，其中中心村建设项目估算投资明细见表 3-6。

表 3-6　　　　　战旗村中心村建设项目估算投资明细

1. 农房拆迁补偿费用	3069 万元
1.1 农房及地面附着物拆搬迁补偿	2987 万元
1.2 新型社区建设点位内青苗补偿	82 万元
2. 主要配套及公建工程费用	3634.0 万元
2.1 道路及管线工程	2922.0 万元
2.2 自来水厂工程	54.0 万元
2.3 沼气净化设施	34.5 万元
2.4 电力配套工程	313.8 万元
2.5 公建设施工程	188.2 万元
2.6 社区服务设施工程	121.5 万元
3. 农民新居工程建房补贴	1957.1 万元
4. 工程建设其他工作费用	569.1 万元
5. 工程预备费	553.8 万元

由于建设项目涉及农村新型社区相关基础设施建设，任务重、所需投资大，按照政府给予的政策，新型社区建设项目资金筹措思路如下：战旗村农户集中居住后腾出建设用地土地指标出让收益资金，争取成都市政府财政的支持，申请开发银行或各专业银行贷款。

(六) 集中居住的综合效益

(1) 彻底改变战旗村村落杂乱、屋舍破旧不堪状况，有效改善农村形象，形成功能分区明确、布局合理、设施配套、环境优美的新型农民集中居住社区。(2) 彻底改变战旗村基础设施薄弱、环境较差的现状。(3) 增强战旗村的经济辐射力，增加就业机会，使当地群众的收入水平得到一定提高，生活得到一定改善。(4) 为战旗村的招商引资和经济发展提供有利条件。(5) 项目建设可从根本上改变村民的居住条件和生活品质。(6) 沼气净化设施的建设可改善了战旗村的环境条件，促进资源的循环使用，达到节约用水和污水资源化的目的。新型社区项目的建设，是推进城乡一体化的迫切要求，是战旗村增强经济辐射力的重大举措，有利于推进城乡一体化进程，有利于城乡规划的实施。

四 社区住房筹资、补偿标准与分配方案

(一) 原宅基地解决办法

为推进战旗村新农村建设，搞好新型社区的建设工作，战旗村村民委员会将战旗村各社集中流转的土地用于全村新型社区建设用地。战旗村各社的土地用于建房后，以土地承包经营权入股的方式成为战旗村股份合作社的股东，参加股份合作社的分配。分配方式是实行保底、分红的原则。具体做法是保底金额为每年800元（或300公斤大米）一亩，大米标准（以当年当地9月的中等大米的价位计价）。土地经营收益超过保底的金额实行五五分成，农户、战旗村村民委员会、战旗村农村所在社各分配其50%。

全村所有宅基地全部交归社集体或村集体，依户口全村享受统一的宅基地使用权（每人房屋和公共绿化道路等占地70平方米）。进入社区的农户宅基地扣除新区面积后多余的面积和不进入社区的农户同样享受统一标准外，超过的面积交集体。不愿交的可在还耕后自己耕种，但不享受政府各种补贴、补助和村、社因土地原因增加的收益。原进入村集中区住的农户，享受统一标准外多余的面积

(按农业股份合作社入股保底标准)向集体缴纳租金。对原以现金协调解决的建房用地按原价由原单位用现金收回土地。在新社区的建设中,调入建房指标的农户建房占地的处理,应在本户的承包地中扣除面积或按 30 年的土地租金平均每年每亩 1000 元计算,进行一次性解决。进入社区人均 70 平方米的应拨给社区占地。有房无户的人员在"拆院并院"后不再有土地使用权。

(二) 规划农村新型社区建设点位的征求意见

按照中央落实科学发展观和新农村建设的二十字方针的总体要求,深入推进市委确定的"三个集中"的总体战略部署,县委县政府在征求战旗村农户意愿的基础上,决定在战旗村开展院落合并和土地整理工作,以实现农民向农村新型社区集中,土地向规模经营集中。按照规划意见,确定将唐宝路以北、楠木林大道以西、敬老院道路以东、涉及二、三、四、八社部分面积的 163 亩土地作为战旗村新型社区的建设点位。对承包地和宅基地在上述范围内的农户,战旗将按照土地集中统一流转的办法,对无耕种需求的农户兑付土地租金,对有耕种意愿的农户则在此区域外调整同等承包面积的耕地。同意以上意见的农户在《战旗村规划新型社区建设点位的征求意见表》(见表 3-7) 内签名。

表 3-7　　战旗村规划新型社区建设点位的征求意见表

战旗村　　　社	户数:　　户	人口:　　人
具体意见:		

(三) 新型农村社区建设拆迁补偿及前期准备工程测算

建筑物拆迁补偿费计 533.4 万元,其中,拆迁农户 19 户,拆迁补偿费共计152万元；搬迁集体企业1个，拆迁补偿费和搬迁费共计300万元；搬迁小型私营企业1个，拆迁补偿费和搬迁费共计65万元；搬迁手工作坊2个，拆迁补偿费和搬迁费共计9万元；农户过渡费共76人计5.5万元，搬迁费和按时搬迁奖19户共1.9万元。农田作物补偿费计64.84万元，其中，普通农田作物87亩，青苗补偿按700元/亩计，需资金6.09万元；良种蔬菜（海椒、丝瓜等）95亩，青苗补偿按5000元/亩计，需资金47.5万元；苗圃25亩，补偿标准按4500元/亩计，需资金11.25万元。前期准备工程测算约171万元，其中，电力铺设，架设三相动力杆线，配套变压器一台，预计需资金40万元；进场施工道路铺设连沙石、小桥涵整治等预计需资金50万元；施工用水考虑采用现场打钢管井的办法，预计资金1万元；场地平整费用需资金20万元；场地打围2400余米，按250元/米测算，共需资金60万元。建设环境和气氛营造及不可预见的其他费用需20万元。根据以上测算，战旗村新型社区建设点位拆迁补偿及前期准备工程约需资金789.24万元。

（四）新型农村社区建设实现农户集中居住的征求意见

在推进战旗村农业现代化建设的过程中，首先在战旗村对村民进行了一次大规模的征求意见，并让村民反馈《社会主义新农村建设、实现农户集中居住征求意见表》（见表3-8）。这个意见表的主要内容包括：为推进社会主义新农村建设，深化城乡一体化进程，建设村级新型社区，实现农户集中居住，改善农村发展环境，加速农业产业化步伐，在市、县政府相关部门的大力支持下，拟在战旗村内开展院落合并和土地整理工作，将现在较为分散的院落进行合并，农户集中到新型社区内居住，对腾出的院落进行整理，并对农田、水利、道路等基础设施进行改造，改善农村居民的生产、生活环境，让农民享受到城镇居民同样的文明。

表 3-8　　　　　　　战旗村社区建设集中居住意见表

战旗村　　　社	户数：　　　户	人口：　　　人
具体意见		

（五）新型社区安置

新型社区住房安置方式按郫府发〔2005〕45 号文件规定[①]，采取统建多层公寓楼安置和划地自建低层别墅相结合的方式。公寓楼安置采取政府招标统建，农户按农村户口，每人 35 平方米的建筑面积以 300 元每平方米的单价购买统建房。划地自建安置以户为单位（以户口簿为准）按人平 35 平方米的用地面积（不含公摊用地面积）进行划地安置，政府按建筑面积补贴 80 元/平方米的风貌建设资金。

根据郫府发〔2005〕45 号文件，唐昌镇战旗村两委适时推出《唐昌镇战旗村"拆院并院"项目安置方案》，对"拆院并院"项目实施情况做出具体规划。土地整理潜力分析部分，对"拆院并院"项目计划腾出土地面积做出计划，并对整合后的土地用途结构进行规定；成本测算部分，对拆除农村院落房屋及地上附着物的拆迁补贴成本、农村道路成本、农田水利设施改造成本、农村院落土地复垦成本、规划设计和工作经费、其他不可预见费用的详细计划计算此项目所需成本，充分考量了对农村院落、田土坎、农村道路农田水利设施综合整理的需要，通过农户建房补贴和开放农村信用合作社的小额贷款等举措缓解农户的经济压力，减轻农户负担。政府规划和农户自建方式相结合的建设方式，既能够实现风格一致、也能提升农户家庭风貌，这一举措得到农户的广泛认同；最后的资金保障措施部分，划定

---

① 《郫县征地拆迁安置暂行办法及实施细则》。

了此次战旗村"拆院并院"项目应死守的红线——战旗村"拆院并院"所腾出的土地指标只能"挂钩"用于唐昌镇的城镇建设项目，以其土地收益作为战旗村新农村建设的资金来源，明确了资金来源和用途的合法性，保障了战旗村"拆院并院"项目的顺利进行。

公寓楼建设采取政府招标统建，划地自建的楼房按照以下要求由政府统一组织实施。第一，统一定点。新型社区安置点位确定在战旗村唐宝路以北，楠木林大道以西，二、八社范围内。第二，统一规划。由规划单位设计标准户型和统一的外观风貌、风格，并依据战旗村户型调查统计资料，对新型社区作统一布局，确定各种户型的分布排列，各农户房屋具体位置在此基础上由农户抽签决定。第三，统一施工。唐昌镇政府统一组织、统一管理，确定4—6支建设单位进入项目区承建此项工程，施工单位具备三级二档以上资质证，并且需要将所有资质证明报镇政府城建办备案。在修建新房时，农户和施工单位必须服从规划布局，并按照镇政府的统一设计图纸，在建筑立面造型、颜色、层高、正负零等方面服从统一要求。第四，统一质量。由县城建局、唐昌镇政府、战旗村村委会和农户共同组织成立质量监理机构，严格按照相关行业规范和建筑设计要求实施工程质量监理。

关于新型社区建房补贴成本测算根据户型选择调查统计，战旗村新型社区需建设公寓房170余套，总建筑面积为12935平方米；建设低层联体楼房395套，总建筑面积为70871平方米。4—5层公寓楼统建成本价按700元/平方米进行测算，农户实际购买单价为300元/平方米。低层联体楼房政府补贴80元/平方米的风貌建设资金。由此测算建房补贴为：12935×（700-300）+70871×80=1084.37万元。

战旗村"拆院并院"项目拆迁计划和安置方案如下：首先，确定安置对象是在拆搬迁范围内有证住户口的人员，即按被拆迁人提供的有效户口簿确认安置对象。其次，在公告颁布之日一月内新婚家庭未出生子女，按农户提供的结婚证和准生证享受一人的安置指标。再次，户口不在拆迁范围内且又没有长期居住在该地的非农业人员以继承、赠与、买卖方式取得房屋产权的被拆迁住宅及其回原籍乡村落户的干部、职工、城镇居民等非农业人员，其住房被拆迁的按郫府发〔2005〕45号文件的附表一标准上浮100%给予一次性补偿，一次性补偿价最高不超过500元/平方米，补偿后不予安置。最后，长期居住在拆迁区域内的非农业人员（含离退休人员），有房屋且被拆迁的，可申请按人均35平方米建筑面积（含公摊面积）进行住房安置，房屋不享受双倍补偿。对户口簿的确认时间为拆迁公告颁布之日后一月内。

关于用地情况。新型社区安置地点确定在战旗村唐宝路以北，楠木林大道以西，二、八社范围内，占地面积163.9亩。农户新居建设占用土地依据其实际享受安置人口，按70平方米/人的综合用地标准从农户现有承包地中扣除。经"拆院并院"工作整理出来的宅基地暂归农户使用。

关于安置补偿标准及安置方式。对拆迁范围内的所有房屋及地上附着物的补偿，全部按郫府发〔2005〕45号文件标准执行。新型社区住房安置方式按郫府发〔2005〕45号文件有关规定，采取统建多层公寓楼安置和划地自建低层联体楼房相结合的方式。"拆院并院"项目实行先建后拆的方式，除新型社区建设点位内需先行拆迁的农户外，其他农户也需先签订协议并拆除不影响居住的偏房、棚房等，但不享受拆迁过渡费。

关于多层公寓楼安置。按在居住的农村户口，每人35平方米的建筑面积（含公摊面积）进行住房安置。1人户和2人户原则上均实行公寓楼安置。农户按300元/平方米的价格购买同自家安置人口相对应的房屋面积。农户原则上不能购买比自身安置房面积大的房屋，若确实需购买，则按综合成本价标准计算购买一套。在移交公寓房新居前合法的婚嫁，可凭户口簿申请享受人均35平方米的公寓房安置。新型社区建设点位内先行拆迁的农户按120元/人/月发给被拆迁人过渡费，过渡期间居住问题自行解决，过渡费按季度支付，从被拆迁人拆除房屋之日期计算，发放到新居房交房当日止。

关于划地自建安置。安置面积以户为单位（以户口簿为准）按人均35平方米的用地面积（不含公摊用地面积）划地安置。房屋位置根据入户调查统计情况，由规划单位统一布局确定各种户型的分布排列，各户具体位置在此基础上由农户抽签决定。各农户在修建新房时，必须服从规划单位所作的规划布局，并按照镇政府的统一设计图纸，以建筑立面造型、颜色、层高、"正负零"等方面服从统一要求。政府对建房户补贴80元/平方米的风貌建设资金，面积按建筑面积计算，层高补贴到二层，第三层由农户按照统一风貌自行建设保证风格。建房区域内的道路、主管网等基础设施由镇政府统一配套，建房户必须积极配合。建房户所聘的施工单位必须具有资质证，且须将所有资质证明报镇政府城建办备案。对新型社区点位先行拆迁选择划地自建的农户过渡时间为4个月，计算时间从签订拆迁安置协议后三日开始计算，过渡费标准为每人每月80元。

关于放弃住房安置。原有住宅面积超过35平方米/人的，按35平方米/人计算安置面积，以500元/平方米进行货币安置，扣减后剩余面积按郫府发〔2005〕45号文件规定的标准给予补偿。原有住宅面积不足35平方米/人的，原有房屋按500元/平方米进行货币安置，不足部分面积按280元/平方米补偿。

关于房屋及地上附着物补偿费的支付。战旗村被拆迁人的房屋及其地上附着物的补偿费分两次支付，第一次在被拆迁人与镇政府签订拆迁补偿安置协议后三个工作日内支付给被拆迁人总拆迁补偿费的90%，拆迁人将该款项缴纳给"唐昌镇战旗村'新型社区'建设领导小组"作为购房款（或建房款）使用，差额部分待签订购房（或建房）合同后完成找补。第二次在被拆迁人搬迁完毕或由被拆迁人书面申请同意无偿交由镇政府处置，经镇政府拆迁办验收合格，并在交清购房（或建房）款后三个工作日内付清被拆迁人总拆迁补偿费的后 10%。

关于拆搬迁搬家补助费和按时搬迁奖。被拆迁人在协议规定时间内完成拆、搬迁或书面申请同意无偿交由镇政府处置，经验收合格，镇政府按 500 元/户的标准给予被拆迁人一次性搬迁费。被拆迁人在镇政府拆迁公告规定的时间内签订完拆迁安置协议且在协议规定的时间内完成拆搬迁或书面申请同意无偿交由镇政府处置，经验收合格，由镇政府按 500 元/户的标准发给按时拆搬迁奖。

典型材料 3-1

长林村、战旗村拆迁补偿标准比较

彼时房建市场参考价格：

自建 2—3 层楼房市场价格：350—400 元/平方米，测算价格按 380 元/平方米计（不含外观风貌）；

统建 2—3 层楼房市场价格：450—500 元/平方米，测算价格按 480 元/平方米计；

统建 4—5 层公寓楼市场价格：600 元/平方米。

长林村、战旗村拆迁补偿标准比较：

长林村按照县政府〔2005〕47 号文件执行拆迁补偿，战旗村拟按照县政府〔2005〕45 号文件执行拆迁补偿。

表 3-9　　　长林村与战旗村拆迁补偿标准比较　　　单位：元

	楼房		瓦房		草房	偏房	简易棚房
	预制	瓦屋面	砖混小青瓦	砖混水泥瓦			
长林村	220—240	200—220	160—180	150—160	80—100	30—90	20—30
战旗村	220—280	200—260	180—240	160—220	60—100	40—100	30

唐元镇长林村统建房回购价格：

1. 单体楼房回购价：300 元/平方米
2. 公寓楼回购价：240 元/平方米

唐昌镇战旗村统建房建议回购价格：

1. 单体楼房、连体别墅回购价：380—400元/平方米
2. 公寓楼回购价：300—340元/平方米

（六）农村新型社区房屋分配模式

战旗村新型社区在2009年基本修建完毕，进入分配房屋阶段。为保证房屋分配公平、公正、公开及合理有序地进行，制定了《战旗新型社区房屋分配方案》。首先，房屋分配工作由社区业主代表会组织实施，先由业主代表会从业主代表中选举房屋分配工作小组成员和村民监督人员，整个房屋分配的具体工作由工作小组组织实施。同时请相关部门全程监督指导，并进行全程摄像。

其次，参加房屋分配农户的范围是：第一，凡签订了战旗村新型社区拆搬迁补偿和安置协议书的，经本户申报并确定户型的农户。第二，凡拆迁补偿款达到或超过新房购房款的，又或已补足新房购房款的农户。第三，虽申报户型，但未签订战旗村新型社区拆搬迁补偿和安置协议书的农户，视为主动放弃，不享受本次拆迁安置的任何待遇。第四，签订了战旗村新型社区拆搬迁补偿和安置协议书的农户，但没有补足新房购房款的，不能参加第一次房屋分配，待补足新房购房款后另行组织房屋分配。若在规定时间内仍未补足新房购房款的，视为主动放弃，不享受本次拆迁安置的任何待遇，且如有调出、调入的指标均作废。

再次，新型社区内房屋占地与绿化地界的划分。第一，房屋所占的土地由农户享有长期使用权。第二，除房屋占地以外的所有土地（包括房前屋后、道路、绿化地）为公共用地属社区全体业主共有，个人不得占用。第三，农户经社区管理委员会统一安排后可在自己所分低层楼房后面栽种绿化树（其中三人户每户栽一棵，四、五人户每户栽两棵，公寓楼住户可每户栽种一棵）。凡栽树的农户均由社区管理委员会统一安排定位并登记造册，所栽树木拥有所有

权，但在栽后五年内禁止砍伐出售。其他绿化地由社区管理委员会统一绿化管理。第四，低层楼房的农户房前的绿化地，以所分配房屋前面至侧面末端的散水为界的花台，由本户栽种花木（不得种蔬菜）使用。

最后，房屋分配方式。第一，社区房屋分配按户型分别编号、分别分配：低层楼房分为二层三人户、二层四人户、二层五人户、三层三人户、三层四人户五种户型和多层楼房分为一人户、二人户、三人户三种户型。第二，此次房屋分配采用两次抽签的方式确定房位（即第一次抽签确定抽签顺序号，第二次按抽签顺序号抽签确定房号）。业主凭户主身份证、本人身份证（必须是年满18周岁以上人员）、户口本和抽签通知参与抽取抽签顺序号。再凭抽签顺序号抽取房号，确定房位。第三，每套房屋均只有一次抽签机会，各户型房号一经抽出，当场公布登记，各农户不得以任何理由反悔。第四，房屋分配时间是2009年4月9日抽取顺序号，4月10日抽取房号。凡在2009年4月6日下午18时前交足购房款的农户参加本次分房，过期交款的农户参加下次分房。凡未按时到场抽签的农户，延迟到下次进行。

在《战旗新型社区房屋分配方案》的基础上，战旗村通过《唐昌镇战旗村关于社区分房屋的公告》（见典型材料3-6）来督促社区分房工作，通过对分房资格进行把控、一次有效抽签的方式对社区新房进行合理分配。全环节都由工作人员和全部业主共同参与，抽签结果现场立刻公布，保障了社区分房工作的公平、公正、公开。

典型材料3-2

"拆院并院"项目惠民实例[①]

代晓玲是唐昌镇战旗村的普通村民，我们见到代晓玲的时候，她正在自己的中介所忙着，求职的、租房的、招工的、中

---

① 选自《成都日报》《科学集约利用，推动可持续发展》。

介所场地不大，但生意不错。送走客人后，代晓玲快人快语地告诉我们，他们家院落改造后，自家的住房变成了三楼一底的小楼，底楼的商铺和多余的住房用于出租，每年有2万多元的房租收入；自己和丈夫开办了中介所和送水站，女儿在成都务工，三口之家年收入有5万元左右。土地被征用后，她还参加了社保，再等几年，就能按月领取社保金了，到时自己就该享清福了。

五 效果评价与存在问题

(一) 战旗村居民新旧房屋对比

从图3-4和图3-5我们可以看出：新社区建立前，村民的居住条件极差，房屋破陋老旧、暗气沉沉、尘土飞扬，雨后道路泥泞。对于处在地震带上的村民来说，住在这样的危房里，势必会危害其生命及财产安全；新社区建成后屋舍俨然，白墙青瓦，透着浓浓的中国古典主义色彩。既有极强的观赏性，也比之前更适合村民居住。图3-4和图3-5甲乙两家都根据自家需要，为房屋配备了车库。新建社区内都铺设了水泥道路，告别了"泥泞沉车毂"的日子。除了规整的水泥路，社区内还配有其他基础配套设施，在图3-4和图3-5中我们发现了修饰精美的路灯和垃圾桶；过去的房屋虽然也是绿意环绕，但总觉着杂乱，绿化改造后树木和花草与屋舍混为一体，才可谓"绿树村边合"。

(二) 存在的问题

战旗村农村产权制度改革工作，因多方面的原因，只对农村房屋进行确权颁证。截至2011年初，除极少量农户的房屋和全村宅基地、耕地未确权外，全村509户农户所拥有的398套统规自建房屋和154套统规统建房屋进行了登记、确权、颁证。产权制度改革

图 3-4　村民甲新旧房屋对比

过程中出现了一些新问题，以及一些历史留存问题，但仍有少数农户因种种原因，其拥有的房屋至今未进行确权、登记、颁证。总结如下。

（1）原籍在战旗村的村民，后到外省参加工作（户口所在地）。退休后，同妻子一起回乡定居。2007 年作为常住非农人员与镇人民政府签订拆迁安置协议，参与本村"拆院并院"项目，且已分得统规统建房屋两套，但是县房管局以其非本地人为由，拒绝为其房屋进行确权。

（2）在战旗村"拆院并院"项目实施过程中，部分村民通过

图 3-5　村民乙新旧房屋对比

购买指标和选择户型，形成事实上的"一户多宅"问题。而在房屋登记、确权、颁证过程中，由于法律方面的原因以及统规自建和统规统建房屋分别采用产改方案和拆迁安置方案进行登记、确权，致使同时拥有一套统规自建和若干套统规统建的农户，其房屋均被确权登记，而同时拥有多套统规自建房屋的农户，有的房屋全被登记确权，有的一套都没确权登记。

（3）因土地综合整理未验收的原因，战旗村没有对农户的宅基地进行登记、确权。但在前期摸底中，暴露出以下问题：按 2007 年农户与镇人民政府签订的拆迁安置协议，战旗村村民人均应拥有

35平方米的宅基地用地指标，而在前期讨论中，县级有关部门提出这一用地指标的数量，今后在统规自建住户的宅基地使用权证中能足额体现，但在统规统建住户的宅基地使用权证中无法足额体现。这将造成统规自建和统规统建住户在宅基地使用上的不均等，不利于宅基地登记、确权、颁证工作的开展。另外，通过购买指标拥有多套房屋村民的宅基地使用权如何进行登记、确权、颁证也是其他村民关心的问题。

（4）因战旗村社区建设占用一些社土地及在土地规模经营中破坏原有田间界线的原因，没有对农户的耕地进行登记、确权。但基于上述原因，无法按照上级的要求，将承包地经营权确权到田。在前期讨论中，多数村民同意承包地经营权按时点人数进行全村统一确权，且只确定田亩数量，不确定田亩位置。

六　本章小结

严格的土地用途管制使市场主体不得不把经济发展对土地的需求转向农村集体建设用地；农村集体建设用地的区位不能满足城市建设需要。这时，最好的解决办法就是利用"城乡建设用地增减挂钩"的试点政策。这一政策的主要内容就是在坚持土地用途管制的前提下，保证耕地总量不减少、建设用地总量不增加，同时能够缓解城市建设用地紧张、减轻农村建设用地闲置的问题。具体的操作办法是将可以复垦为耕地的农村集体建设用地地块和将用于城镇建设的地块挂钩，通过土地复垦还耕，换取城镇建设用地的增加。

具体来说，在农民自愿的前提下，由机构出资为农民建设集中居住的基础设施相对完善的农村新型社区（一般为楼房或联排别墅），资金来源为政府注资的投资平台及银行贷款；农民以退出原有宅基地为条件可以免费在集中居住社区获得一定面积的住宅（超出标准的面积农民需支付一定的成本价）。农民退出宅基地后，将原宅基地复垦，经国土部门验收确认后就成为新增耕地。由于集中居住社区的人均占地面积小，与复垦为耕地的宅基地相比有一个差额，这个差额就是新增耕地指标。根据国家有关耕地占补平衡的政策，在获得新增耕指标后，可以将指标出售给城市建设用地紧张的成都市或成都其他区（市）县，购买人就可以获得相应的农地变更为建设用地指标；或者自行征用农地进行商业开发；出售指标或自行开发的收益再用于补偿农村新型集中居住社区的建设成本，包括偿还银行贷款。在这全过程中由于多方自愿，保证了项目能够为社会新增财富，而且阻力较小。

为解决战旗村新农村建设资金瓶颈问题，在市县各级领导和部门的关心和支持下，确定在唐昌镇战旗村进行"拆院并院"土地整理工程，实现新增集体建设用地指标换农村建设资金的投入机制。将农村院落整治节约的集体建设用地有偿置换到城市，通过报征为国有用地后既解决了城市建设用地，又解决了成都市小城镇建设开发公司投资战旗村新农村建设的资金来源。唐昌镇战旗村通过开展"拆院并院综合整治"项目和新型社区建设，整合置换新增耕地313.2亩。这313.2亩新增耕地作为建设用地置换到县城规划建设用地区，在完成征收手续后，作为经营性项目使用，以市场方式供地，其收益可作为小城镇建设开发公司投资战旗村新农村建设的回报保障。

战旗村新型社区建设项目的实施，扎实推进了农民向集中居住区集中，为土地集中经营，发展农业产业提供了条件。战旗村耕地面积约2130余亩，项目实施前，仅流转土地200余亩。项目实施后，已引进企业两家和两户种植大户，流转土地1000余亩，其中绿科蔬菜合作社280亩，金叶子园艺场200亩，榕珍菌业120亩，种植大户530亩。计划流转土地达到1000亩，战旗村土地不足部分向周围的其他村社发展。具体情况如表3-10所示。

表 3-10　　　　　　　　战旗村项目土地规模流转情况

序号	单位名称	计划流转土地（亩）	已流转土地 面积（亩）	已流转土地 流转时间	计划下期流转土地（亩）	主要用途
1	金叶子园艺场	200	200	2006年3月	0	苗木
2	绿科蔬菜合作社	280	280	2007年2月	0	蔬菜、观光农业
3	榕珍菌业	300	120	2007年5月	180	食用菌生产加工
4	种植大户1	300	300	2007年9月	0	蔬菜
5	种植大户2	230	230	2007年9月	0	蔬菜
6	种植大户3	300	240	2008年5月	60	蔬菜
7	齐桂园艺	300	40	2008年5月	260	苗木

战旗村的成功是成都统筹城乡发展的一个缩影。2006年，成都市获得了7000亩挂钩周转指标，实施了15个增减挂钩项目，涉及土地面积6980.23亩。其中，农民集中居住区占用1649.01亩，城镇规划区使用5331.22亩。2008年以后，成都市将"土地整理项目"和"城乡建设用地增减挂钩项目"整合为土地综合整治项目，启动农村新型社区建设项目至少有42个，涉及郫县、新津、崇州、青白江、蒲江、彭州、都江堰、大邑、金堂9个区（市）县的29个镇（乡）45个村，总建筑面积约349万平方米，安置农民约9.3万人，实施土地综合整理6万余亩，节约集体建设用地指标约1.8万亩。截至2010年，成都市实施农村土地整治近6年来，投入资金大约60亿元，实施完成土地整理项目293个，新增耕地35.2万亩，促进了将近10万人集中居住。

土地整治不仅改善了耕地和基本农田质量，而且为农业增产、农民增收创造了条件。新建成的农村新型集中居住社区规划合理、居住环境宜人、村容整洁、道路平整、管线规范，社区道路、水电气信及环保等基础设施配套齐全，同步建设了文化、体育、卫生等公共服务设施，入住农民生产生活方便舒适，与城镇居民生活水平基本接近。相比于分散居住，新型社区的居住环境有了大幅度的提升,已经类似于城市有物业管理的居住小区。另外,引导农民集中居住还带来了一系列的积极效应。分散居住的宅基地退出后,原来被分割为碎片的土地连成了片,为土地综合整理、流转,进一步吸引社会资本、发展现代农业创造了基础条件。集中居住解决了在分散居住情况下提供公共服务困难的问题。

新型社区的建成同时意味着唐昌镇战旗村新农村建设又向前迈进了一步。在唐昌镇相关部门的指导和帮助下,唐昌镇战旗村完成了新农村建设的阶段性任务,具体情况如表3-11所示。

表3-11 唐昌镇战旗村社会主义新农村建设任务完成情况

序号	工作内容	牵头单位	完成情况
1	唐宝路路面铺设工程	交通局	按时完成唐昌镇城区至战旗村3.5公里约2.6万平方米沥青砼路面铺设及战旗村至横山村2.5公里约1.5万平方米路面铺设
2	唐昌镇二环路至战旗村沿路路面标识的设置		按时完成唐昌镇二环路至战旗村文化大院道路标识设置,其中道路划线3公里,安装指示牌6套
3	400亩蔬菜基地入场种植	农发局	按时引进两家种植业主,完成现代农业产业园核心区无公害蔬菜规模种植
4	制定战旗村农业产业发展规划(初稿)		结合规划局所制定战旗村新农村建设总体规划,按时完成战旗村农业产业发展规划
5	完成战旗村"村—企—社"三结合同发展、农业经营体制改革材料		按时完成战旗村"村—企—农"互融共进及农村经营体制改革材料
6	完成战旗村远期、近期产业发展规划(初稿)的制定	一体化办	按时完成战旗村新农村建设总体规划
7	战旗村村容村貌整治	建设局	按时完成战旗村中心村村容村貌整治,其中风貌改造3.2万平方米,景观桥整治9座,地坪铺设1200平方米
8	战旗村违规建设拆除	建设局 唐昌镇	拆除先锋酿造厂河道建房等违规建筑两处,计880多平方米;拆除雨棚等违规搭建12处,约300平方米;拆除原集体旧厂房一幢约640平方米
9	战旗村主要沟渠、道路两侧林木补栽	林业局	按时完成唐宝路(含战旗村、火花村、西北村)主要道路、沟渠两侧绿化。其中:新栽乔木1200余株,铺设草坪4500平方米,撒草坪1200平方米,新栽地皮植物1000平方米

续表

序号	工作内容	牵头单位	完成情况
10	完成战旗村基础数据收集、整理	唐昌镇	按时完成对战旗村的各项基本数据的收集和整理
11	邀请专家学者对战旗村土地经营模式进行研讨	唐昌镇	在农发局配合下，邀请市农委专家对战旗村土地经营模式进行研究，组织相关人员到邛崃、双流等周边区县学习经验，探索出了以战旗村农业股份合作社逐步集中全村土地，农民"入股保底，收入二次分成"的新型经营机制，主动对接中国川菜产业化基地，为京韩四季、丹丹调味品等企业提供原料生产，打造川菜产业化基地配套园区
12	完成安唐路至战旗村两侧周边环境综合整治	唐昌镇	按时完成安唐路至战旗村两侧环境综合整治。其中：拆除雨棚、房屋等违规建筑10处，计1200平方米，唐宝路口至战旗村两侧风貌改造1.4万平方米，安装路灯310盏，并对安唐路与唐昌镇二环路南二段接点、安唐路与唐宝路接点进行了景观营造
13	战旗村规划区内道路建设，形成基本通车能力		按时完成战旗规划区内现代农业园区宽5.5米，长2.3公里环形主干道路建设，完成路面二灰铺设，形成基本通车能力
14	完成文化大院综合整治和包装策划	宣传部	按时完成文化大院综合整治和包装策划。其中：完成文化大院内文化墙建设，内部风貌改造3000平方米，完善文化大院主楼4个功能室硬件设施配套，引导战旗村筹建战旗文工团，会同镇村与蜀雅公司多次磋商，寻求文化合作切入点
15	加强对村民的社会主义新农村建设知识宣传，制定、发送宣传资料	宣传部	编制宣传战旗村和新农村建设的快板资料，并发送到每家农户，有效地提高了农户对社会主义新农村建设的认识
16	完成战旗村环境卫生综合治理	市容局	按时完成战旗村环境卫生综合治理工程，并制订了保洁方案，指导村对环境卫生纳入市场化管理
17	完成劳动力培训服务基站建设	劳保局	按时完成战旗村标准化劳保工作站建设，配齐硬件和软件，并已正常开展工作
18	完成战旗村规划区内沟渠修建和整治	水务局	按时完成战旗村规划区现代农业产业园沟渠修建和整治5.7公里，其中生态渠整治1.1公里，"U"形渠修建3.5公里，低漕沟整治1.1公里

典型材料3-3

战旗村关于限期拆除旧房的决定

我村新型社区建设"拆院并院"工作，已进行到尾声，99%以上的农户已搬进新型社区，农民的生活得到了很大的改善，绝大多数农户都按期对旧房进行了拆除，还有少数农户没有对旧房进行拆除，或没有拆除完，影响了大多数农户领取按期拆除旧房的奖励和土地整理工作的顺利进行。经战旗村村民代表会和村民议事会讨论研究，为了早日完成村民"拆院并院"工作，努力减少农业生产和战旗村整体发展的损失，使战旗村早日走上健康快速发展的轨道，特作出如下决定：

社区分房工作已在2009年4月10日进行，现已有一年多了，按项目要求，凡已签订拆迁协议，还没有交足购房款，在2010年4月25日前未办理完分房手续的农户，视为自己放弃享受"拆院并院"政策，原签订的拆迁协议作废，仍在原院落居住。如已交有部分购房款的由村委会负责退款。

按政策规定农民只能有一处住房，在社区分到房屋的农户，如不愿意拆除旧房，可以在4月25日前办理退新房手续，交有现金购房款的由村委会退回购房款，并按贷款利率支付利息。凡分到新房的农户必须按期对旧房进行拆除。自行拆除旧房的截止时间定为2010年5月2日，没有按期自行拆除的，取消按期拆除奖励。

战旗村组织全体党员、村民代表、村民议事会成员在5月3日开始强行拆除。农户在强拆后三日内将自己需要的物件搬走，从第四日开始进行土地整理工作。

经国土资源局同意全村有占地面积约0.15亩的三处旧房，可留作村农业股份合作社集体作堆放农具、农药使用暂不拆除。其他房屋全部拆除。

还有个别坟没有搬，截止时间同样为2010年5月2日，到期未搬的自己承担全部责任。

原院落的树木，按原规定30厘米以上的名木、40厘米以上的其他树木和0.3亩以上的树林可暂保留，但应按树荫的面积支付地租，并办结。其他树木都要在5月2日前自行处理。

唐昌镇战旗村关于拆除旧房的通知

社村民：

战旗村"拆院并院"工作，在上级领导和部门的大力支持下，经过全体村民的共同努力，旧房拆除和土地综合整理工作也已进入尾声，绝大多数村民均已按照拆迁安置协议的规定，按期将自家旧房予以拆除，但仍有个别村民未按期将自家旧房进行拆除。2010年4月22日经村民代表会和村民议事会讨论通过，并由村民委员会向未拆户发出限期拆除的通知，但你户至今还未拆除旧房。这已严重影响到土地综合整理工作，致使土地综合整理无法进行验收，导致其他村民按期拆除房屋的奖励金和旧房补偿款不能兑付，给其他村民带来严重的经济损失，在群众中造成极坏的影响。为此，经战旗村村民议事会于2010年7月5日开会讨论决定：对还未拆除的旧房按照拆迁安置协议的规定进行拆除，现要求你户在三日内将屋内的物品全部搬走。三日后由村民议事会配合相关部门，对你户旧房进行强行拆除。若你户未按期将物品搬走，由此造成的全部损失将由你自行承担。

会议决议情况：村民议事会成员37人，到会　人。同意此决定的签字及手印：

（共　人）

特此通知

战旗村村民委员会
2010年7月5日

送 达 回 执

战旗村村民委员会：

我户已收到经村民议事会讨论通过的《唐昌镇战旗村关于强行拆除旧房的通知》，并已仔细阅读。我户承诺：将按照村民议事会的决定，按期将屋内的物品搬走。若未按期将物品搬走，由此造成的全部损失将由我户自行承担。

接收人（户主或户代表）：

送达人：

年　月　日

备注：拒收通知的农户，由送达人向其户主或户代表宣读通知，视为其已收到。

典型材料 3-4

郫县唐昌镇战旗村"拆院并院"宣传提纲

一、为什么要开展"拆院并院"工作？

"拆院并院"就是通过对农村院落、道路、田土坎等的综合整治，增加有效耕地面积，提高耕地质量，更好地贯彻落实切实保护耕地的基本国策，改善农村居民的生产生活条件和生活环境，增加农民收入，提高农村居民生活质量。"拆院并院"这项工作是贯彻落实《国务院关于深化改革严格土地管理的决定》和中央节约集约用地精神的具体体现，是统筹三个集中，推进城乡一体化，改善农村生态环境，改进农业生产条件，改变农村居民传统生活观念，积极构建资源节约型社会的重要举措。

本次"拆院并院"项目来之不易，项目的实施对战旗村的发展具有里程碑式的意义，要充分把握和珍惜项目带来的机遇，促使战旗村一年一个台阶，在2007年内实现质的变化。

二、开展"拆院并院"工作给农户带来哪些好处？

1. 改善农户的生产生活条件和居住条件；

2. 改善农村脏、乱、差的生活环境和农户居住布局分散的状况，减少病虫害、疾病发生的可能性；

3. 通过新型社区的统一规划建设，便于共享城镇公共设施，早日享受城镇文明；

4. 促进土地向规模经营集中，推动农业产业化，增加农民收入，增强农村集体经济水平。

三、"拆院并院"工作包括哪些内容？

1. 将拆除旧房后的农村院落整理为耕地；

2. 将规划需归并的农村道路整理成耕地；

3. 将规划需归并的农田水利设施整理成耕地；

4. 将规划需归并的田土坎整理为耕地；

5. 将分散居住的农村居民搬迁到规划的新型社区集中居住，分享城镇公共资源配套设施，推进镇村一体化。

四、群众关心的问题

1. 拆除旧房的补贴标准是什么？

严格按郫府发〔2005〕45号文件标准执行，统一补贴。

2. 旧房屋由谁拆？如何拆？残值如何处理？

旧房所有权属房主所有。可由房主在规定时间内自行拆除，也可由房主联系拆迁公司拆除，残值归房主所有。

3. 农户腾出的农村院落由谁整理还耕？

农户集中居住后腾出的院落由政府出资统一整理。

4. 是先拆后建，还是先建后拆？

规划新型社区点位内的房屋必须先行拆除，农户在新居建设期间按规定享受过渡费；新型社区规划点位以外的房屋按规定时间进行拆除，农户在新居建设期间不享受过渡费。

5. 哪些人员属于安置对象？

户籍关系在战旗村（含已征地农转非人员）的人员；

户籍关系在战旗村的现役义务士兵；

户籍关系在战旗村的接受全民教育的在校学生；

户籍关系在战旗村的正在服刑或劳动教养的人员；

其他按政策规定属于应安置的人员。

6. 安置政策的内容和具体形式有哪些？

（1）本次"拆院并院"安置形式为两种：一是低层联体楼房划地自建安置（建筑层数为一楼一底两层，个别有需要的也可局部三层）；二是多层公寓楼安置（建筑层数为五层）。群众可依照拆迁安置政策和自身家庭情况自愿选择其中一种。

（2）选择低层联体楼房划地自建的农户按人平35平方米的用地面积划地安置，同时享受每平方米（按统一设计的标准户型二层内的建筑面积计算）80元的风貌建设资金补贴；选择多层公寓楼安置的农户每人享受35平方米住房（含公摊面积），按300元/平方米缴纳建设费用。

（3）新型社区内部道路、绿化、主管网等基础设施由镇政府统一配套，群众不再另行缴费。

7. 新型社区的建设点位在哪里？

新型社区的安置地点确定在战旗村唐宝路以北，楠木林大道以西，敬老院道路以东，二、八社范围内，占地158亩。

8. 农户可以购买比自家安置面积大的公寓房吗？

农户原则上只能购买同自家安置人口相对应的房屋面积，若确需超面积购买，则按综合成本价标准计算超面积部分；选择划地自建的农户则只能享受同自家安置人数相对应的划地面积。

9. 新型社区内新建房占用土地如何扣除？旧房院落整理出来的土地如何使用？

农户新居建设占用土地依据其实际享受的安置指标，按70

平方米/人的综合用地标准从农户现有承包地中扣除；经"拆院并院"整理出来的宅基地暂归农户使用。

10. 新型社区内可以搭建偏房、棚房和养殖用房吗？

战旗村新型社区是按照小区标准进行设计建设的，内部一律不再允许任何形式的搭建和家禽家畜的养殖，若确需养殖，今后在社区外统一规划地点修建养殖用房。

11. 户型设计是否统一，外观是否一致？

由规划设计单位根据不同家庭结构，规划相应户型，统一规划、统一布局、统一建设、统一外观。

12. 多层公寓楼房屋的基本标准是什么？

门窗齐全、水电齐备、一室一灯一插、内墙白灰抹面、地面水泥砂浆找平。

13. 新房户型设计的面积和布局上是否考虑结婚生子，添人进人等因素？

户型设计中已作充分考虑，同时在确定安置对象时也已作充分考虑。

14. 1—5人户的不同家庭结构户型设计如何？

规划设计单位已根据不同的家庭结构设计出不同户型供村民选择。

15. 如何保证建房工程质量？

由县城建局、镇政府、村委会、业主（村民）代表组成监理机构，按设计标准和国家建筑规范要求进行质量监督和验收。

16. 如何解决建房资金？

农户自筹一点、信用社贷款一点、国家补贴一点。

17. 丧葬用地如何安排？

由村上统一安排地点。

18. 归并的农村道路和农田水利设施整理成耕地后使用权

归谁?

交由农村集体经济组织统一经营。

典型材料3-5

唐昌镇战旗村"拆院并院"项目安置方案

一、土地整理潜力分析

根据新一轮调查统计,战旗村总户数501户,农业人口1682人,农村居民点占地440.8亩,其中:参与土地整理的院落68个、共469户、人口1561人、面积426.6亩(不参与土地整理的共32户、人口121人、面积14.2亩)。

战旗村新型社区占地面积根据县国土局确定的人均综合用地70平方米计算标准,按1561人的规模,共需占地163.9亩;完成土地整理工作后战旗村可腾出土地指标262.7亩,其中18亩用于解决战旗村企业占地,244.7亩用于唐昌镇城镇建设项目。

二、战旗村"拆院并院"项目成本测算

该项目农房拆迁实行自拆,拆除房屋及地上附着物的拆迁补贴标准,按照县政府〔2005〕45号文件执行。

1. 拆除农村院落房屋及地上附着物的拆迁补贴成本估算

(1)房屋部分

楼房补贴:需拆除楼房33080平方米,按280元/平方米的补贴标准,需资金926.24万元;

平房补贴:需拆除平房63324平方米,按240元/平方米的补贴标准,需资金1519.78万元;

一般房屋补贴:需拆除一般房屋7278平方米,按100元/平方米的补贴标准,需资金72.78万元;

以上合计需补贴资金2518.8万元。

(2)附着物及苗木部分

每人按3000元计算,全村共需补贴资金468.3万元。

拆除房屋及附着物共需补贴资金2987.1万元，平均每户补贴6.37万元，人均补贴1.91万元。

2. 农村道路成本估算

（1）新型社区内部道路及其他配套设施按2.5万元/户估算，约需资金1172.5万元；（2）村内其他现有道路改造约需资金300万元。

以上合计需资金1472.5万元。

3. 农田水利设施改造成本估算

通过对全村农田水利设施的综合改造，需投入资金270万元。

4. 农村院落土地复垦成本估算

包括林盘地、残次林木的清理、旧宅基地内的砖头等杂物清除、挖方填土、地力培肥、地面平整等工程，按照亩平7000元的标准估算，复垦426.6亩土地需资金298.6万元。

5. 规划设计和工作经费，需资金80万元。

6. 其他不可预见费用按工程总额的5%测算，需资金255.4万元。

以上合计，项目总投资5363.6万元，新增耕地262.7亩，每新增一亩需投入资金20.42万元。

三、新型社区建设安置方案

1. "战旗村新型社区"统一按照县规划局的规划设计进行建设。（1）新建房外观保持基本一致；（2）新建房屋的套型、户型根据规划局提供的多套方案，在充分征求农户意愿的基础上，按照规划方案落实不同点位建设。

2. 战旗村拆院并院项目人均住宅用地严格按照35平方米的标准，原则上以划地安置方式进行，新建房屋以统规自建为主；在完成摸底调查后，根据调查情况确定是否进行多层（控制在4层）公寓楼统建。

农户可在以下方案中选择适合自身家庭情况的方案。

（1）向农户提供统一的外观样式和标准套型（控制为2层楼房），根据农户家庭人数划定相应的土地面积，由农户自主建设，外观风貌建设由镇政府确定建设单位统一实施。

（2）按以下标准设计各种套型的公寓楼户型方案，供农户选择。

表3-12　　　　　　　　公寓楼户型设计方案

	1人户	2人户	3人户	4人户	5人及以上户
设计建筑面积（平方米）	50左右	85左右	120—130	140—150	180左右

根据选择统计结果，在综合评定、民主集中的基础上实施多层公寓楼的建设。

3. 农民新建房屋成本估算。

人均建筑面积按50平方米计，建筑成本按450元/平方米计算，新建房屋人均需投入资金2.25万元，扣除人均拆迁补贴1.91万元后，农民人均需自筹资金0.34万元，可通过农村信用社小额贷款解决。

4. 农户建房补贴机制。

四、资金保障措施

按照市国土局《关于规范中心城区非城市建设用地区建设用地整理集中使用的意见》规定，由于战旗村"拆院并院"所腾出的土地指标不能跨乡镇使用，为确保新增建设用地指标换农村建设资金的投入运营机制的成功实现，该指标只能"挂钩"用于唐昌镇的城镇建设项目，以其土地收益作为战旗村新农村建设的资金来源。

典型材料3-6

唐昌镇战旗村关于社区分房屋的公告

为保证战旗新型社区第一次房屋分配公开、公平、公正及合理有序地进行，现将相关事项予以公告：

1. 战旗新型社区第一次房屋分配时间定于2009年4月9日抽取房屋抽签序号，4月10日抽取房号。地点在战旗村文化大院。

2. 凡符合此次房屋分配要求的业主，应于2009年4月9日7时由户主或户代表（年满18周岁）带上户口本、分房抽签通知书到文化大院进行身份和户型的核实登记，并做好抽取抽签序号的准备。

3. 每户只能抽取一个序号，抽出后到登记处进行登记。

4. 4月10日7：00带上分房抽签通知单和抽签序号进入抽签会场。7：30房屋抽签大会正式开始，首先核对房屋分配的抽签卡、抽签箱等相关物件。

5. 由准备组通知持有抽签序号的业主（必须由户主或其他年满18周岁的家庭成员）登记做好准备（5人一组）。

6. 进入抽签现场的业主在工作人员的带领下，在指定的户型箱内抽出房屋号卡，每套房屋只有一次抽出机会。

7. 业主在抽出房号卡后，由工作人员指导业主在房号卡上指定的位置签字并加盖手印。

8. 由现场工作人员对业主确认后的房号进行唱号，并移交登记组进行核实登记，当场公示。

9. 所有业主抽取完毕后，当场公布剩余未抽出的房号，以确保本次房屋分配的公开、公平、公正、准确无误。

战旗新型社区业主委员会

第四章

基础设施与农村社区管理

我国城乡差距中最显著的是基础设施建设，尽快改变农村基础设施滞后的状况，是广大农村居民的迫切要求，也是建设社会主义新农村的重要内容（蔡昉，2003）。我国"十二五"规划将"加强农村基础设施建设和公共服务"列入"推进农业现代化，加快社会主义新农村建设"的重要内容。农村基础建设不仅包括围绕农业生产的水利、农田设施等基础设施建设。还应该包括关系农民生活的饮用水、公路、房屋、文化、教育、卫生、社会保障等诸多方面。战旗村利用土地改革、集中居住的契机，将基础设施建设的硬件建设作为村庄居住整体规划的重要组成部分，并在道路、场所、通信、生态环境的全新建设基础上，完成文化、社会保障、信息化等软件的全面升级。

除此之外，战旗村在创建新型农村社区管理方面也走出了自己的方式。我国在推进新型城镇化过程中以新型农村社区为战略基点，积极探索新型农村社区，通过集中规划，将农民原来的旧宅基地转变为耕地，实现土地集约化经营，集体规划农民的住宅，让农民住进楼房，既可以节约土地，又可以让农民享受城市化的生活环境。战旗村正是构建了这样的新型农村社区，在这一过程中，农村居民的生产、生活方式，乃至观念都将发生变化，把农村社会由"熟人社会"向法理"契约社会"转变。战旗村在这样的社区建设基础上，建立了与之相适应的社区管理体制，既面临各种问题和挑战，也积累了成功经验及形成了优异模式。

一 农村基础设施

在我国农村基础设施建设中，由于农业自我积累能力弱、二元财政供给体制等原因，投入不足是农村基础设施建设落后的重要原因。2006年2月21日，《中共中央国务院关于推进社会主义新农村建设的若干意见》正式公布，成为21世纪的连续第三个关于"三农"问题的"一号文件"，新农村建设由此起步开局。"一号文件"明确提出，要把国家对基础设施建设的投入重点转向农村，政府应加大农村基础设施建设的政策倾斜和投入力度，以逐步缩小城乡基础设施建设间的巨大差距。但是，农民没钱，光靠国家财政投入显然解决不了根本问题。战旗村利用村集体与企业合作的形式，建立村与企业各按50%的资金比例投入的机制，有效解决了基础设施建设的资金难题，着重开展了以下工作。

（一）道路改建工程

战旗村在村集中居住地加强道路、渠系及地下管网设施建设，村、企业先后投资100万元，对村社道路和沟渠进行改造。铺设柏油路面10公里，完成水利三面光工程3000米。其中，铺设16米宽道路（含管线）3公里，铺设12米宽道路（含管线）3公里，铺设9米宽道路（含管线）2.5公里，铺设7米宽道路（含管线）5公里。实现每家每户都可以开进小轿车。除此之外，每年村委会根据道路情况定期进行维护和保养，例如：2011年，战旗村的农业产业园区道路维修费用为1.8万元。

表 4-1　　　　　　唐昌镇战旗中心村修建项目估算①

序号	项目	单位	工程量	宽度	面积：平方米	合价：万元
一	道路及管线	合计				7725
1	16米宽道路（含管线）	米	3000	16	48000	2400
2	12米宽道路（含管线）	米	3000	12	36000	1800
3	9米宽道路（含管线）	米	2500	9	22500	1125
4	7米宽道路（含管线）	米	5000	16	80000	2400
二	自来水供水厂	座				24
三	农贸市场等公建设施	合计				131
1	农贸市场	平方米			350	35
2	邮政储蓄代办点	平方米			100	10
3	幼儿园	平方米			500	75
4	公厕（含粪池）	平方米			30	9
5	公民健身设施	元				2
四	沼气净化设施	座	1500			72
五	社区服务中心	合计				135
1	社区管理用房	平方米			300	30
2	放心店	平方米			100	10
3	图书室	平方米			350	35
4	医疗所	平方米			600	60
六	电网改造					130
七	社区公共绿化及设施	平方米			10000	100
八	生态农业休闲景观营造					20000
九	社区商住建筑及配套设施	平方米	45/人		135000	14850
	合计					43167

（二）通信、网络工程

战旗村率先实施广播电视"村村通"工程，完成全村广播电视和网络光纤覆盖。中国农村人口众多，传播媒介相对欠缺，这使得互联网在农村有较大的作为空间。在农村普及现代通信技术意义巨

---

① 本章表格内数据均来自战旗村内部资料。

大而深远。首先，现代通信技术可以给农民提供多样的信息获取渠道，使农民分享信息社会的成果，获取新的资讯和知识，更新观念；其次，农村互联网的普及有利于启动乡镇基层政府的电子政务应用，提高办公管理效率，也能达到方便办事的作用。战旗村很早就有自己的村务网站，不但起到对外宣传、吸引投资的目的，也便于村民查阅村内规章和了解村情。与此同时，战旗村还花费 130 万元改造了电网。

（三）绿化、亮化工程

战旗村实施了"绿化和亮化工程"，统一改造村民集中居住的街道、房舍。新改建房舍立面 5000 平方米，绿化环境 600 平方米，硬化道路、划分行车标志线 2.5 公里，清理整治边沟 6 公里。仅 2012 年，村级公共服务和社会管理实施项目包含老旧路灯更换项目，采取公开招标的方式，投入 7 万余元，改造面积超过 1500 平方米。社区绿化及绿化维护花费 8 万元，对社区绿地和公共区域绿地进行维护和修剪。

（四）建设便民配套设施

近年来，成都市在实施统筹城乡改革试点过程中，为战旗村等农村社区按"1+23"的标准配置了社区综合服务中心以及其他 23 项便民服务设施。完备的基础设施，让村民们更早地享受到更多便利的商业和公共服务。

围绕村民集中居住区的兴建，战旗村还修建了相关配套设施，包括自来水供水厂、农贸市场、邮政储蓄代办点、幼儿园、公厕（含粪池）、公民健身设施、沼气净化设施、社区服务中心、社区管理用房、放心店、图书室、医疗所等。这使村民的生活得到极大的便利，公共设施毫不逊色于城镇地区。同时，战旗村也兴建了社区公共绿化及设施、生态农业休闲景观营造和社区商住建筑及配套设施。

图 4-1 新建成的战旗村幼儿园

（五）营造人文居住环境

战旗村集中居住地的规划并不是简单参照其他常见的农村地区规划——"一家一个小方块，一家一栋小洋楼"。集中居住地的规划既有高楼，也有庭院；既有笔直的大马路，也有曲折悠闲的步行道，还结合了川西民居朴实飘逸的风格。虽不同于北京之贵、西北之硬、岭南之富、江南之秀，也自有其轻盈精巧的独特之处。建筑色彩朴素淡雅，墙檐错落有致，青瓦白墙相映成趣，乡土气息格外浓郁。相比城镇地区又多了一种相互的质感美、自然美。在楼房装饰方面，村里也进行了统一布置。如层高、屋顶、墙壁、厨房、卫生间、光缆、阳台的设计和施工必须全部依照统一规划。

典型材料 4-1

唐昌镇战旗新村居住用房装修装饰建议

（1）单层层高 3 米，现浇坡屋面，灰筒瓦；

图 4-2 战旗新村实景

（2）所有内墙，天棚（扣除厨房、卫生间的瓷砖面）均应刮腻子两遍，刷 801 涂料两遍；

（3）所有外墙刮腻子两遍，外墙涂料三遍；

（4）厨房、卫生间做防水层，地面均为防滑地砖，卫生间墙面 1800 毫米高瓷砖面，厨房墙面 1500 毫米高瓷砖面；

（5）卫生间防水卷材上翻 1800 毫米，厨房上翻 300 毫米；

（6）室内及楼梯间均为水泥砂浆楼地面（厨房、卫生间除外）；

（7）厨房为一般成品洗涤盆，卫生间成品普通陶瓷洗脸盆及蹲便器；

（8）所有进户门为防盗门，厨卫为塑钢门，其余门为一般木门，窗均为塑钢窗；

（9）冷热水、光纤、电话、宽带、电等所有线、管、盒全部预埋，其中光纤、电话、宽带一户一接口；

（10）上人屋面增加刚性防水层；

（11）露天阳台栏杆为铁花栏杆；

（12）建筑节能设计按规定执行。

二 生态环境综合治理

在城市环境问题备受关注的同时，农村的生态环境情况并不容乐观。随着我国经济体制改革的深入，农村工业化、城市化进程逐步加快，农村生态环境恶化已严重影响到了农村的可持续发展。比如：农村人畜粪便、农村生活垃圾和生活污水等废弃物污染。战旗村对农村生态环境进行了全新的改造，使乡村生活既有田园、悠闲的浪漫情怀，又有同城市一样的舒适、便利的生活设施。

（一）领导责任制

战旗村成立了城乡环境综合治理领导小组，由村党总支书记担任组长，村民委员会主任担任副组长，落实每个区域的管理责任，其他每个村干部分别负责一个区域的环境监管工作。比如：有的负责农业园区的环境监管，有的负责社区环境、文化大院的环境监管，有的负责企业、店铺的环境监管。另外，还有人负责城乡环境综合治理的宣传工作、督查工作以及制度建设、资料归档工作等。

（二）生活废弃物集中处理

涉及农民生活的三类废弃物（人畜粪便、生活垃圾和生活污水）是最普遍的农村污染物的来源。由于农村房屋往往没有规范的处理设备，有的地区粪便不经处理便直接排入江河，严重污染了水源和环境。农村生活垃圾和污水未能统一有效管理，农户的生活垃圾和污水随便倾倒，流向田头沟渠、池塘、路边，大量有害有毒废弃物如废旧电池等严重污染着土地、水源、庄稼，破坏了农村生态平衡。战旗村结合拆院并院工程，加大了村容村貌整治力度，配套完善了环保基础设施，建成生活污水处理站并配套收集管网，确保集中居住区生活污水得到有效处置。与此同时，战旗村还建立完善了垃圾收运制度，采取"户集、村收、镇处理"的方式，对村域内道路沿线和村民聚居点垃圾全部实行集中清运。

（三）绿色企业规划

长期以来，我国农村工业化发展走的是一条高投入、快增长的粗放式经营道路，农业工业化发展中的资源浪费和环境污染问题越来越严重。农村企业在资金、技术和人才方面存在天然的弱势，决定了农村企业对工业"三废"等环境污染物的治理面临着诸多困难。有些环境污染严重的地区，不仅农业生产受到了极大的危害，生态平衡遭到了破坏，而且人们的身体健康也受到了极大的侵害。然而，战旗村所走的是一条绿色工业化的道路，村里主动避免引进污染企业。

图 4-3 战旗村农田一景

（四）农业生产控制

农业生产过程中的污染是农村污染的重要来源，主要由化肥和农药的过量使用以及农业生产产生的各种农业废弃物的不当处理引起。比如化肥，化肥过量施用后，除了被农作物吸收，大部分会残留在土壤中，然后通过降水或其他方式而进入江、河、湖、海之中；还有畜禽养殖和水产养殖过程中产生的养殖污水和畜禽粪便未经妥善处理，直接向周围环境排放；另外，农业生产过程中产生的作物秸秆和废弃农膜，直接焚烧或者丢弃于农作环境中。以家庭为单位的零散农村生产不利于农业生产过程中的污染管理，而集约式的农业是解决污染管理问题的重要方式，降低了管理成本。集约农业把一定数量的劳动力和生产资料，集中投入到较少的土地上，采用集约经营方式进行生产。同粗放农业相对应，在一定面积的土地上投入较多的生产资料和劳动，通过应用先进的农业技术措施来增加农产品产量。

（五）秸秆禁烧

每年农村秋收之后，秸秆大部分被废弃或燃烧，污染环境，危害群众健康和交通安全。近年来国家先后出台《中华人民共和国大气污染防治法》《秸秆禁烧和综合利用管理办法》，如何处理秸秆成为基层干部的重要工作。

战旗村成立以书记为组长，村两委和村巡逻队为成员的禁烧工作小组，实行村两委干部分片负责制，采取张贴宣传标语和广播宣传等形式开展禁烧宣传，组织人员每天昼夜不间断地进行巡查，采取黑斑倒查制度，并及时对黑斑进行处理。村里还要求种田农户和种植大户签订秸秆禁烧承诺书，内容包括：绝不在田间、公共场所、交通干道等地方露天焚烧农作物秸秆；绝不向河道、沟渠倾倒或抛撒农作物秸秆，保护渠道通畅；积极采取农作物秸秆还田等办法，进行农作物综合利用等。

三　农村公共文化建设

随着经济快速发展，农民物质生活水平日益提高，相对应的农民文化生活却提高缓慢。农民对文化生活的投入非常有限，多数农民每年用于订阅书刊、看戏看电影的支出几乎为零，精神文化生活相对较少。农村文化建设落后于城市文化建设，特别是农村基层文化资源严重匮乏，活动形式单一枯燥，缺乏创新。农村文化经费投入严重不足及文化设施落后的状况也没有得到根本性改变。这些年来，虽然文化事业经费总量有所增加，但占财政总支出的比例并没有随着财力增长而增长。

近年来，战旗村与时俱进，社会经济日益增长，全村群众对科学、文化知识的需求也日益增长。因此在农村公共文化建设方面的投入也与日俱增，从文化大院、公共娱乐设施、信息化建设等方面不断丰富农民的精神文化生活。

（一）建设文化活动中心

战旗村筹建一个全村群众共享且拥有多元化功能的文化活动中心的想法开始于2005年。2006年，利用村里土地整合的契机，村两委研究决定为全村百姓建设一处文化活动大院。在郫县县委、县政府、县委宣传部等部门的支持与帮助下，战旗村筹资80余万元对原"迎龙山庄"进行了整体改造，建成了西部最大的村级文化场所——战旗村文化大院。

但是，2008年"5·12"汶川大地震中，文化大院基本倒塌损坏。战旗村在县委县政府帮助下，抗震救灾，努力进行恢复重建工作，2009年5月，文化大院重建完成。

重建的"战旗村文化大院"占地面积22亩，包括了以下几个部分。一是文化大楼。文化大楼建筑面积1300平方米，拥有农家书屋、电子阅览室、多功能培训室、书画室、健身房、练功房等基础设施，拥有百科全书、农村实用技能、通俗读物、报纸杂志等书籍20000余册，电脑12台以及投影仪等。二是文化体育广场，60平方米的广场舞台上安装了数套体育健身器材，是村里群众的健身活动中心。三是文化长廊,长廊上的战旗文化墙展示了改革开放以来战旗村社会主义新农村建设取得的成就。四是听文阁,用于文体活动、科技培训、大型会议等。此外还包括标准化篮球场、乡村图书馆、电子阅览室、综合健身房等。

图4-4 战旗村文化大院大门

图4-5 文化大院内的文化广场

图 4-6　文化大院内的文化长廊

图 4-7　文化大院内的荷塘

　　战旗村文化大院是顺应新农村建设的要求而兴建的。随着农民由农舍住进高楼,生活方式、文化观念向新市民转变的需求越来越强烈。新农村建设不仅需要农民居住条件和生活环境的改善,更需要改变传统的"洗脚上田坎"生活方式,这就需要通过文化的洗礼,充分挖掘地方传统特色文化,以先进文化引领社区文化建设。战旗村的集体经济发展较好,为文化基础设施建设提供了坚实的物质基础,村集体把村民的文化需求放在首位,筹资建设了文化

图 4-8　文化大院内的迎龙桥

图 4-9　文化大院内的听文阁

大院。

　　随着文化大院重建完成，电子阅览室、农家书屋、书画室、健身房全部投入使用，投影仪等设备正常运作，文化大院正以崭新的面貌为全村老百姓服务。全村群众组建了阅读队伍、健身队伍、表演队伍等群众文化活动基本队伍，各项公益文体活动开展得有声有色。电子阅览室、农家书屋成为农村文化建设的主要阵地，村民在这里学习现代科学知识，通过网络媒体与外面的世界交流，许多的农户已经在网上发布自己的农产品信息。电影观看和文艺演出不断丰富农民的文化娱乐生活。依托沙—西线高速公路，战旗村文化大院还成为农村观光旅游的重要组成部分。同时，"战旗村文化大院"极大地促进了战旗村社会主义新农村建设，促进了公共服务和社会管理体制改革顺利开展，促进了村务公开、民主管理体系的完善。

在文化大院建设中，战旗村把"农家书屋"建设作为重点来抓。一是加大"农家书屋"的投入，或购入，或争取上级领导的支持，丰富"农家书屋"的藏书量。现在战旗村的"农家书屋"设有军事、农业科技、政治法律、廉政、文学、综合书刊、杂志等专柜。陈书4000余册，配备电脑7台，尽量满足村民多层次、多方面的文化知识需求。二是制定各种制度，例如管理制度、借阅制度、赔偿制度、开放制度等，尽量做到方便群众，使群众不仅能有书看，而且更有时间看。三是配置1人专职负责管理，保证"农家书屋"的工作有序开展。

当前我国中西部的农村文化基础设施严重落后，农民和城市居民所享受的公共文化资源相差甚远。中共十七届六中全会发布了《中共中央关于深化文化体制改革、推动社会主义文化大发展大繁荣若干重大问题的决定》，指出要"加强文化馆、博物馆、图书馆、美术馆、科技馆、纪念馆、工人文化宫、青少年宫等公共文化服务设施建设"。文化场馆是我国公共文化服务设施的基本内容，是发展文化事业和文化产业的重要支撑，是广大群众共享基本公共文化服务的主要场所。合理建设和利用文化场馆设施，是我国建设文化强国、促进文化大发展大繁荣的当务之急。战旗村的文化大院是中西部农村文化基础设施建设的典范。战旗村得益于其良好的村集体经济发展，村民收入逐年增加，基础设施日益完善。伴随着生活水平的提高，村民文化需求日益增长，村民以集体经济为基础，依托村民文化需求新建了文化大院，构建了新型农村社区文化服务圈，集文体、娱乐、书画展示、科技培训等功能于一体，成为村民丰富文化生活的舞台、传播知识的平台和倡导文明的讲台。

（二）开展普适性的百姓文化活动

普通农村不仅需要高端的文化基础设施，更需要人人都可以参与的、低门槛的普惠性文化活动。农村文化建设主要包括两个方面：一是硬件建设，二是软件建设。硬件建设是软件建设的基础，影响着农村文化的有效开展。软件建设是农村文化建设的桥梁与枢纽，是农村文化发展和繁荣的表现，影响着农村文化建设的有效作用和成果。因此，发展和繁荣农村文化，在具备必要的硬件设施条件后，关键在于软件建设。当前农民增收渠道不断拓宽，可支配财力普遍增加。然而，与物质生活水平普遍提高这个"硬件"不相适应的是，农民精神文化生活这个"软件"呈现出相对滞后的问题。

战旗村也积极开展农村文化软件建设。"5分钟文化圈"是村委提出的软文化建设目标，即农民走出家门最多步行5分钟，就能找到一个含多种内容的公共文化活动场所。2009年战旗村"新居工程"基本完成，村民集中居住，改变了传统的分散居住状况，为打造"5分钟文化圈"创造了条件。"5分钟文化圈"包括综合性文艺表演活动，还有每周六的主题表演活动，如音乐、舞蹈、小品表演、乡村歌手比赛等；还邀请县内外艺术家、民间艺人到战旗村义务演出。同时，他们还举办农民运动会，把传统农事活动转化成乡村趣味竞技比赛，开展经常性的全民健身活动。村里的大妈们身背腰鼓，来到村头"文化大院"参加村腰鼓队的训练。郫县曾组织了360名大学生走进战旗村，以"高校+支部+农户"模式，和180名村民结对子，同吃同住同劳动，开展了"大学生与农户结对子""文艺联欢会""大学生参加生产劳动""大学生与村里娃"等一系列丰富多彩的文化活动。

典型材料4-2

大学生进战旗村

自2009年以来，以成都纺织高等专科学校为首的成都高等院校的学生与成都市郫县唐昌镇战旗村展开了合作，即"高校+支部+农户"大学生进农家社会实践活动。此活动一方面是想通过让学生感受农村、尽自己的努力帮助农村，统筹成都城乡一体化，通过在校大学生帮助战旗村建设社会主义新农村；另一方面，让大学生通过在战旗村的社会实践实现自身品质的锤炼和自身能力的提高，学校通过向战旗村输送大学生志愿者，增强在校大学生的社会责任感、更好地奉献社会。

战旗村自新农村建设以来，一直面临着几个难题：第一，新农村建设过程中，战旗村农民面临的文化活动匮乏的窘境；第二，由于战旗村农村富余劳动力外出打工，留在家里的小孩因为父母不在身边日常作业完成质量得不到保障，日常可接受到的课外培养也少于城镇儿童。而且留守的老人因为子女不在身边陪伴，心理上会有明显的孤独感；第三，随着战旗村新型社区的建成，战旗村村民的生活环境和居住环境与城市已经基本无差异。但是战旗村村民自身急迫需要思想观念的更新，他们渴望城里人的生活习惯和生活方式。

战旗村与成都纺织高等专科学校合作，该校在校大学生解决战旗村村民文化匮乏、留守老人和儿童的陪伴以及战旗村新型社区村民的日常知识的宣传。大学生进战旗村活动是一项复杂的系统工程，它涉及人员多、持续时间长，成都纺织高等专科学校同战旗村两委双方高度重视和密切配合，开展了深入、持久的系列活动。成都纺织高等专科学校同战旗村两委双方都将此项工作纳入年度重要工作议事日程，共同成立了活动领导小组，建立了例会制度，统筹协调做好各项工作。

由于成都纺织高等专科学校与战旗村地理上邻近，且学校与地方、大学生与农家建立了紧密结对关系，在时间安排上，大学生进农家活动要比传统的大学生社会实践活动灵活得多，校地双方不仅在寒暑假开展大学生进农家活动，还有效整合了国家法定假日、周末甚至课余时间。在活动规模上，既有学校和系层面组织的大型集体行动，也有学生自发到战旗村开展的点对点实践活动，有效提升了实践育人功能和社会效果。在活动内容的安排上，校地注重发挥各自优势，形成优势互补、互利共赢的局面。以2009年"五一"国际劳动节期间开展的大型集体活动为例，104名大学生与52户农家结成对子，成为"一家人"，大学生与村民同吃同住同劳动，校地共同组织开展了战旗新农村建设恳谈会、"'和谐郫县·文化战旗'校地共建新农村"大型文艺晚会、清洁战旗大行动、以"新农村文化建设"为主题的乡村"坝坝辩论赛""'校地共建·学民互动'——走进战旗新农村"坝坝交谊舞与锅庄舞会等大型集体互动活动。另外，大学生还组织多支小分队宣传保健、饮食卫生、消防安全、防灾防疫、法律知识，开展社会调查等活动。结对关系建立后，成都纺织专科学校与战旗村互邀参加各自的特色活动，进一步增进先进文化的相互渗透和情感交流。战旗村20余户村民曾应结对大学生邀请，到学校参加了纪念"五四"运动90周年暨川音高雅音乐进校园专场音乐会；学校教师和大学生则应邀参加了当地"休闲农业与乡村旅游节"活动，等等。

　　双方签署了《"高校+支部+农户"大学生进农家活动合作协议》，在战旗村设立大学生社会实践基地，形成了"校对村、系对社、学生对农户"的大学生社会实践长效机制，规定每年校地共同组织大型集体活动不少于1次，学校各系全年开展集中展示活动不少于2次，大学生与村民家庭结对"同吃同住同劳动"时间每年不少于10天，并作为大学生学分考核的重要依据。大学生除了集体活动，还要与结对农户积极共建"七个一"活动：带动结对农户掌握一项以上体育活动项目，带动结对农户参加一次群众性文化活动，带动结对农户每月掌握一项上网技术，每月给结对农户孩子辅导一次以上功课，为结对农户创业致富提一条合理化建议，与结对农户每年共读一本以上有益书籍，大学生每年必须完成一篇社会实践活动报告。[①]

图 4-10　大学生为战旗村儿童开设文娱、舞蹈课

　　阅读队伍、健身队伍、表演队伍等文化活动队伍及公益文体活动有声有色地开展。坝坝电影、文艺演出不断宣传着社会主义新农村文化建设，以学习实践科学发展观占领农村文化阵地。特别是战旗村成立了自己的文艺团体——"战旗村"文工团，极大地活跃了战旗村文化生活。

　　战旗村曾在2009年作为全国乡村、社区文化先进典型，战旗村代表成都市在中央电视台就"社会主义新农村文化建设"向全国

---

①　案例来自成都纺织高等专科学校"高校+支部+农户"大学生进农户社会实践。

人民做了介绍。

(三) 网络信息化建设

我国农村地区网络使用的基础条件还很匮乏，尤其是中西部农村地区使用网络意识相对落后，网络使用的增长条件和空间不足。2005年中央首次在一号文件中提出要"加强农业信息化建设"。2006年中央一号文件强调要充分利用和整合涉农信息资源，强化面向农村的广播电视电信等信息服务，重点抓好"金农"工程和农业综合信息服务平台建设工程。2007年中央一号文件强调要健全农业信息收集和发布制度，推动农业信息数据收集整理规范化、标准化，建立国家、省、市、县四级农业信息网络互联中心。2008年中央一号文件着重强调：按照求实效、重服务、广覆盖、多模式的要求，整合资源、共建平台，健全农村信息服务体系。推进"金农""三电合一"、农村信息化示范和农村商务信息服务等工程建设，积极探索信息服务进村入户的途径和办法。2009年的中央一号文件重点突出农业发展与促进农民增收，一共是五个方面28条，每一条都涉及信息化。可见，农村、农业和农民的信息化建设对于增加农民收入、推动农业发展、促进农村社区管理等方面都具有重要意义。

战旗村得益于集体经济的飞速发展和农民集中居住的有利条件，率先在农民家中普及网络覆盖，在农业生产、社会管理领域推动信息化建设。

首先，全村基本普及互联网的使用。互联网使用的普及是网络信息化的基础，为进一步推广互联网使用，实现农村生活数字化，战旗村首先在全村铺设互联网电缆，采用鼓励政策，引导农户使用互联网，在新型社区中为全部农户预留互联网接口。全村超过6成农户家庭配备电脑，可以使用互联网。除此之外，为了方便不能使用互联网的家庭更方便地使用电脑，村中在文化大院建成了70多平方米的电子阅览室。不但构建了速度快、网络稳定的移动光纤与因特网互联，配备了电脑等硬件设施，还制定了电子阅览室使用规则、管理员职责和教学计划。电子阅览室平时对村民开放，为村民上网查询信息提供服务，增强了村民的信息化意识，提高了计算机应用技能。

第二，建设和维护村网页和社交平台。为了加强对外宣传力度，并为村民提供交流平台，设计建设了村网页，开辟了战旗概况、村务公开、工作动态、村情特色、乡村旅游、供求资源、村民办事指南、村长信息等栏目。农民可以通过浏览村网页，获得村中的新闻、通知和公告，也可以查看日常办事规定，提高办事效率，还可以获得企业招聘信息，促进就业。更重要的是，通过村网页的定期维护，可以促进村务管理的公开透明，增强村民参与程度，推进了民主政治的建设。同时，村中还建有村民交流的社交平台（如QQ聊天群等）。

第三，推动村务管理和办公信息系统建设。战旗村设立了村务管理和办公信息系统。实现村务信息的有序管理，提高了办公效率，信息系统涵盖了人口、土地和文档管理等内容，不但建立了全村村民的基本情况数据库，同时对原来的村文件档案资料进行数字化处理，形成电子文档资料。2008年起，考虑到现代通信工具的普及和便利，村委会充分利用农信通信息系统，及时向村民发布村务情况、市场信息和便民信息等，特别是在"5·12"特大地震发生后，曾多次使用农信通信息系统对村民进行危险提示、防病防疫和灾后重建政策宣传。

战旗村在信息化建设方面的成绩与其农民收入的不断提高密切相关，在这个"互联网改变生活"的年代，战旗村的网络信息化建设避免了农村与信息化社会的脱轨，正在改变村民的生活。

第一，互联网有利于农民获得外界的资讯，转变了生活观念，丰富了业余生活。互联网的推广应用，为农民朋友架起了走向世界

图 4-11　战旗村网页的首页

的桥梁,从相对封闭的农村走向丰富多彩的世界,更多地了解外界,为移风易俗、转变观念发挥了重要作用。互联网的应用,大大丰富了群众的文化生活,不断地改变着村民的生活方式和生产方式。

第二,互联网使农民获得农业知识更加便捷,电子商务进入农业生产,拓宽了农民致富渠道。村民和种植大户通过互联网了解农产品、种子种苗市场信息,发布产品供应信息,获得病虫害防治知识。互联网甚至改变了传统的生产经营方式，比如有的村民由一个不知"网"为何物的农民，在通过信息化管理员手把手开展电脑上网培训后，现在已经开起了网店，直接把农产品放在互联网上出售。

第三，互联网也提高了劳动力素质。战旗村电子阅览室承担为村社干部、党员、村民代表和村民进行上机操作培训的工作。村干部在办公系统的使用中，进一步提高了计算机操作技能，村民通过远教网收看教学视频，浏览学习生产、生活知识。让村民了解科技的力量，促进他们学习科学的积极性，进一步提高了村民的综合素质。

（四）经验总结和评价

当前，我国部分农村公共文化体系建设现状堪忧，县、乡、村的文化馆、站、室有规划无建设、有建设无管理、有设施无内容、有运营无监督。农村居民文化生活贫乏，"早上听鸡叫、白天听鸟叫、晚上听狗叫"的情况仍然比较普遍。丰富多彩积极向上的精神文化生活缺乏，一些封建迷信活动、邪教组织、地下非法彩票等不良现象暗中发展。在社会主义新农村建设的背景下，各级政府加大投入资金建设农村公共文化场所，尽管农村"硬件"建设普遍提高，但"软件"设施相对不足。

随着新农村建设步伐的加快，农村面貌日新月异地变化着，广大农村居民的生活状况得到了很大改善，部分地方的农村居民已经是仓廪实而又衣食足，钱袋子鼓起来的农村居民对精神文化生活的需求越来越强烈，然而，当前农村文化建设还是跟不上农村居民的需求，文化基础设施落后，现有资源尚未得到有效利用、文化产品和文化服务供给不足、文化活动相对贫乏、城乡文化发展水平差距较大，一些地方的农村居民吃不愁、穿不愁，却为无处娱乐发了愁。

文化是民族的血脉，是人民的精神家园。中国共产党历来重视文化引领社会发展的作用，始终把文化建设置于国家整体发展的战略地位。党的十八大提出，要"扎实推进社会主义文化强国建设"，文化在经济社会发展全局中的地位日益凸显。当前，我国的文化建设取得了诸多成就，但也存在一些不足，其中，农村文化建设不力问题表现得尤为突出。如何破解困境、促进农村文化建设，成为我们建设文化强国过程中亟须解决的重要课题。

战旗村的农村公共文化建设走在大多数农村地区的前列，主要归功于以下几个方面。

第一，发展和壮大的农村集体经济是农村公共文化建设的物质基础。公共文化建设包括基础设施建设和软件体制建设两方面，基础设施建设需要大量资金，若仅依赖上级财政拨款，往往不可持续，只有农村自身的经济发展，才是基础设施建设的物质基础。战旗村拥有多家集体企业和民营企业。且现集体资产1280万元，其中固定资产820万元，货币资金460万元。前文提到过，目前全村集体企业实现销售收入近7000万元，实现利税超470万元。该村对村集体企业进行清产核资，界定产权，实行村企统一管理，通过资产运作，每年可实现集体经济收入近60万元。强大的集体经济是村文化基础设施建设的重要保障。

但对于一些经济不够发达的农村地区，也不能对农村公共文化弃之不顾。国家应设立专项资金加强农村文化设施建设，以求进一步缩小城乡文化差距，推进城乡文化一体化。一方面要加强农村文化的硬件建设，如建设服务功能齐全的文化馆、图书馆、博物馆、纪念馆等文化基础设施和较高水平的乡镇文化站，在中心村建设图书室、文化室、活动中心等，在非中心村发展以农户为依托的农村居民书屋、文化大院等。另一方面，要重视农村文化的软件建设，创造条件让农村居民免费享受文化服务。政府要加大送科技、图书、戏曲、电影等文化产品下乡的力度，促进农村居民思想观念和生产生活方式的转变；建立以城带乡联动机制，把农村居民纳入城市公共文化服务体系，引导企业、城市社区积极开展面向农村居民的公益性文化活动；鼓励文化机构为农村服务，使图书馆、文化馆、博物馆、艺术馆、科技馆、纪念馆等成为农村学校的实践课堂。

第二，对于乡村景观和传统文化的重视和保持，是农村文化体制机制建设的重要基础。一些农村地区虽然也实现了经济发展和强大，但走的却是工业化的道路，可能会造成村中流动人口大增，人员混杂和生态环境破坏的状况出现。战旗村的经济发展不同于传统农村工业化，战旗村引进了"成都第5季——战旗现代田园村"旅游观光项目，项目内容包括妈妈农庄、农业观光大棚、奥特莱斯农产品旗舰店、会议中心、乡村酒店、乡村公馆、商务会所、商务俱乐部等。这种结合现代农业和商务旅游的做法，最大程度地保持了乡村田园景观和传统农耕文化。除此之外，战旗村整体打造以榕珍菌业为代表的1500亩的现代农业产业园。园区主动承接中国川菜产业化基地辐射，为京韩四季、丹丹调味、鹃城豆瓣等龙头企业提供原料生产。这些做法不是把农村变成一个个嘈杂的生产厂区，而是把农村变成了规划整齐、景观秀丽的现代田园村落。

因此，农村文化体制机制建设主要包括三个方面的内容：一是建立强有力的领导体制，成立党委领导、政府主导、宣传部门组织协调、相关部门分工合作的农村文化建设领导组，广泛吸收社会力量参与，形成农村文化建设的巨大合力。政府要为农村文化活动提供安全保障、场所安排等服务，让农村居民广泛享有免费或优惠的公共文化服务，确保农村居民在农村文化建设中的主体地位，指导农民进行文化创作，开展文化活动。二是组织并指导农村文化活动，充分发挥党和政府丰富农民文化生活、提高农民素质的桥梁和纽带作用，文化活动要注重挖掘并弘扬民间优秀文化，为农民提供丰富多彩的文化生活，保障农村文化的生命活力。三是加强农村文化人才队伍建设。加强对农村文化骨干和文化机构人员进行思想道德、文化知识、文艺技能和乡土情怀等方面的培训；积极培养和发展民间文化队伍，鼓励和扶持农村乡土文化能人，重视培养民间文化传承人。

第三，提高农民的生活水平，提高农民参与文化建设的积极性。依靠农民开展健康文明的农村文化活动。农民是农村文化建设的主体，政府应采取措施调动农民参与农村文化建设的积极性和主动性，依靠农民开展多种形式的农村文化活动。一是以农民兴趣为导向，引导并帮助农民组织各种形式的民间文化团体，依托农村传统节庆、庙会等民间文化资源和"文化下乡、农家书屋、文化大院"等文化载体，以农民喜闻乐见的形式，创造贴近农民生活的文化产品，并借此向农民普及科技文化和法律知识，提高广大农民群众的思想道德素质和科学文化素质；二是建立农村文化激励机制，组织举办文明村镇、文明家庭、好媳妇、好婆婆等先进组织和先进个人评比，以及文化知识、科技知识等比赛活动，营造文化创造的良好氛围；三是大力宣传先进典型，倡导团结协作、勤劳致富、诚实守信的道德风尚，帮助农民树立集体主义观念，培育农民的公共意识和公益精神，让先进文化占领农村文化阵地；四是清除民间文化中的低俗内容，加强民间艺术和文化遗产保护，深入挖掘民间传统文化内涵，营造积极向上的文化氛围，推进农村文化大发展大繁荣。

四 新型社区管理

人类历史上最大规模的城市化，正深刻地改变着中国。在城市化的大势下，作为古老农耕文明载体的传统乡村，正经历千百年来未有之大变局。如今的乡村，青年人离开村庄到城市务工，留下老人和儿童留守在农村，田间少了辛勤的劳作，传统节日里少了热闹的祭祀活动，农村的宗族文化也正被削弱。满腹乡愁的人们总在感叹"回不去的故乡"。今日中国乡村，从外观到内在气质，都在嬗变之中。传统的农村社区功能几乎消失，急切需要一种新型的农村社区管理体制替代原有的功能，既要保持乡村田园浪漫的面貌，又要适应现代化的生活方式，使乡村成为宜居之所。

（一）新型社区管理在农村的重大意义

第一，建设新型农村社区是建设社会主义新农村的新尝试。随着社会主义新农村建设的不断向前推进，农村的生产生活面貌正在发生着深刻的变化，新型农村社区建设就是其中一种新的尝试。社会主义新农村包括：生产发展、生活宽裕、乡风文明、村容整洁、管理民主五方面的要求。除此之外，社会主义国家的农村具有集体土地、集体经济的特征。基于此，新型农村社区打破了传统的自然村屯空间布局，坚持现代居住方式与现代农业建设、产业发展相协调，坚持集约利用土地和公共资源共享为目的，从根本上解决了新时期农村一系列社会管理缺失问题，形成了现代化的农民生产生活聚集区，这对于加速城乡一体化进程具有十分重要的历史意义和现实意义，也充分体现了社会主义农村的优越性。

第二，建设新型农村社区，是优化村镇空间布局、实现资源优化配置的重要途径。从四川省各地行政村构成和布局上看，普遍存在村多、型小、分散的问题，大都缺少科学的规划，就村建村，自然形成。如果不重新进行科学规划，新农村建设的公共服务和基础设施建设将会面临投入面大、投入成本过高的负面影响，特别是国家新农村建设扶持资金分散到各村成了"撒芝麻盐"，收效甚微，造成低水平重复建设，发挥不出应有的效应。合理规划建设新型农村社区，积极稳妥推进撤村并屯，将农村的路、水、田、林、村等项目资金整合使用，可以集约利用资源，提高使用效益，尽快改善农村的基础设施条件，改变农村生产生活面貌。同时，建设新型农村社区，是加快城乡一体化进程的现实要求，也是创新农村社会管理的有效载体。

第三，从自然村落发展到新型农村社区，是最终实现城乡一体化的必要途径。从世界城市化进程的视角看，欧美发达国家城乡关系沿着"合—分—合"的历史轨迹，正步入城乡一体化的高级阶段。从20世纪50年代起，德国根据农村的自然环境和人文历史传统，尊重和保护农村经过长期历史积淀而形成的淳朴、厚重的民风民俗，通过土地整理、村庄革新等方式，着重建设一种既有现代工业文明因素，又保存着优秀传统文化印记的"田园式"新社区，实现了农村与城市的一体化发展。美国在战后初期，实施了农场政策，1955年美国农业部首次提出"农村发展计划"，20世纪60年代提出"反贫困战争"。随着农业地位下降，农村发展政策重点逐步转向农村振兴，20世纪80年代重点转向农村经济结构调整，并开始与农场支持立法融合。经过几十年的发展，持续推动了美国农村地区进步，促进了城乡一体化进程。

（二）战旗村的新型农村社区管理模式

1. 农村基层治理结构改革

坚持党组织领导与居民自治相结合，全面创新农村社会管理，是建设农村新型社区的基本条件。2008年，战旗村开展了农村基层治理结构改革，通过改革，建立了村民大会、村议事会、户代表会"三会"组织，初步构建起以村民大会为最高决策机构、村议事会为常设议事决策机构、村民委员会为执行机构的村民自治机制，并修订完善《战旗村村民自治章程》《战旗村村规民约》等自治管理规则和《战旗村村民会议实施细则》《战旗村村议事会实施细则》《战旗村户代表会议工作细则》《战旗村社会评价实施细则》《战旗村民主监督工作细则》等规范化民主管理制度，实现了党组织领导下的民主决策、民主管理和民主监督机制，真正实现了自我教育、自我管理、自我服务。

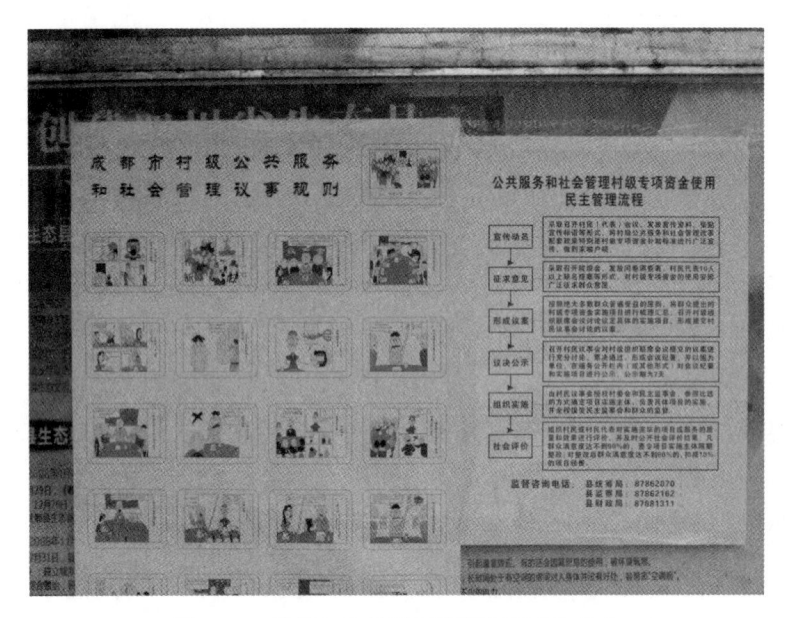

图 4-12　战旗村公共服务议事规则宣传公告

居民自治是建设新型农村社区的基础。除此之外，集中居住小区成立了业主委员会对物业相关事宜进行管理。依据《物业管理条例》的条款，物业管理区域内全体业主组成业主大会，业主大会履行下列职责：制定、修改业主公约和业主大会议事规则；选举、更换业主委员会委员，监督业主委员会的工作；选聘、解聘物业管理企业；决定专项维修资金使用、续筹方案，并监督实施；制定、修改物业管理区域内物业共用部位和共用设施设备的使用、公共秩序和环境卫生的维护等方面的规章制度；法律、法规或者业主大会议事规则规定的其他有关物业管理的职责。业主委员会是业主大会的执行机构，履行下列职责：召集业主大会会议，报告物业管理的实施情况；代表业主与业主大会选聘的物业管理企业签订物业服务合同；及时了解业主、物业使用人的意见和建议，监督和协助物业管理企业履行物业服务合同；监督业主公约的实施。业主委员会主任、副主任在业主委员会委员中推选产生。

2. 搭建公共服务平台

除了管理结构和体制外，新型农村社区管理与传统农村管理的根本区别在于，新型农村社区注重公共服务体系的建设，以实现方便村民、服务村民的目的。战旗村的公共服务平台主要由两部分组成：一个是在新型社区，利用规划建设的公建配套用房，在县级有关部门的支持和帮助下，前后用了不到一个月时间就建好了便民服务站、劳动保障工作站、卫生服务站、计生服务室，还安装了电子显示屏、电脑等设备；同时，战旗村还在新型社区建起了标准化社区幼儿园、便民超市、停车场、垃圾中转站等公共配套设施。另一个是利用原来战旗文化大院的场地，把文化活动室、广播室、图书阅览室、培训室等整合到一起，把文化大院建成了一个群众文化活动、学习培训的中心。另外，战旗村按照"一岗多责"的办法，统筹安排村干部、大学生在公共服务平台坐班服务。总之，战旗村搭建了"六站一室"的公共服务平台及配套功能，实行"全程代理服务"让老百姓"进一道门办一切事"。

表 4-2 战旗村社区公共服务和社会管理配置标准

类别	序号	项目	配置标准	供给主体	配置弹性	备注
公共管理服务设施	1	警务室		政府为主	必须配置	可相邻共享
	2	★社会综合服务管理工作站（劳动保障、就业、残联、便民服务室、物管用房等）	建筑面积不低于100平方米	政府为主	必须配置	可相邻共享
	3	★社会组织和志愿者服务办公室	建筑面积不低于30平方米	政府为主	必须配置	可相邻共享
	4	★水、电、气等代收代缴网点		政府为主	必须配置	可共享
	5	★网络设施	可接入成都市电子政务外网，接入带宽根据实际业务需求进行配置	政府为主	必须配置	

续表

类别	序号	项目	配置标准	供给主体	配置弹性	备注
教育设施	6	幼儿园	生均用地不低于13平方米，生均建筑面积不低于8.8平方米	市场为主	按需配置	可相邻共享
医疗卫生设施	7	卫生服务站	乡镇所在地不设。社区建筑面积不低于200平方米	政府为主	必须配置	可共享
	8	人口计生服务室	建筑面积不低于20平方米	政府为主	必须配置	可与场镇相邻共享
文化体育设施	9	全民健身设施	室外建筑面积不低于200平方米	政府为主	必须配置	可相邻共享
	10	综合文化活动室（★社区广播站）	建筑面积不低于200平方米	政府为主	必须配置	可相邻共享
	11	★老年/青少年活动中心		市场为主	必须配置	可相邻共享
商业服务设施	12	农贸市场	结合群众需求	市场为主	必须配置	可相邻共享
	13	日用品放心店	建筑面积不低于20平方米	市场为主	必须配置	可相邻共享
	14	农资放心店	参照市农委制定的星级农资店建设标准	市场为主	按需配置	可相邻共享
市政服务设施	15	★污水处理设施及排水配套管网建设	1. 能进管网的进管网，没有进管网的污水处理率不低于70%；2. 农村生活用水供水入户率不低于96%，集中供水率要不低于85%	政府为主	必须配置	
	16	垃圾收集房（点）	按照市城管局制定的"农村垃圾"收运处置体系建设标准	政府为主	必须配置	
市政服务设施	17	公厕	不低于一座二星级公厕	政府为主	必须配置	可共享
	18	★民俗活动点	结合群众需求	市场为主	按需配置	
	19	★公共停车场（公共交通招呼站点）		政府为主	按需配置	可共享
	20	★非机动车公共存放处		政府为主	按需配置	

续表

类别	序号	项目	配置标准	供给主体	配置弹性	备注
金融邮电设施	21	★金融服务站自助设施		市场为主	按需配置	可共享
	22	★村邮站	建筑面积不低于10平方米	政府为主	必须配置	可整合
	23	★电信业务代办点		市场为主	按需配置	可整合

说明：1. 带★标注项目为新增公共服务和社会管理配置标准项目。

2. 中心城区涉农社区按照城市标准规划建设。

战旗村通过充分发挥公共服务平台的作用，积极为广大村民提供行政代理、医疗卫生、就业培训、农业科技等优质高效的服务；同时，郫县相关部门也积极在村上开展各类活动。郫县劳保局在战旗村举办了绣花、焊工、家政等职业技能培训；县科技局举办了蘑菇栽培、大棚蔬菜种植等农业科技讲座；县卫生局开展了防治流感知识宣传活动；等等。

3. 在公共服务中广泛征求意见

在公共服务供给的过程中，充分实现民主决策是真正体现新型农村社区的优越性所在。战旗村在改革试点工作中，围绕深化基层治理结构改革，要充分发挥农民群众的主体地位，进一步完善农民广泛参与的民主管理机制。一是由政府负责实施的村级公共服务和社会管理项目，要建立民主评议制度，由农民群众对项目服务内容、服务方式进行评价，形成依靠农民群众提高公共服务和社会管理的长效机制；二是由政府委托战旗村自治组织实施的项目，要建立民主监督制度，由农民群众提出建议和批评，对服务水平、服务质量和效果进行监督；三是由战旗村自治组织提供的村级公共服务和社会管理项目，实施过程中要建立民主管理制度，由农民群众自主决定自己的事务，建立起维护农民自身权益、化解矛盾纠纷的长效机制；四是由政府支持、市场主体实施的项目，必须接受农民群众的评议和监督，经县级部门和农民群众检查验收，农民群众满意后，政府方能给予资金支持。战旗村的民主参与决策最生动地体现在调查方面：一是公共服务与社会管理实施项目的征求；二是公共服务满意度测评。

以战旗村2012年度公共服务与社会管理资金实施项目意见征求情况为例。为了更好地做好战旗村2012年度公共服务和社会管理工作，更加恰当地使用项目资金，2012年3月20日至3月29日，战旗村就2012年度公共服务和社会管理实施征求群众意见，此次意见征求共发出调查表425份，收回有效表412份、空白表13份。全体村民的意见主要集中在8方面，共34项，村民意见汇总情况如表4-3、4-4所示。

表4-3　　　　　　　　村民意见汇总情况 I

类别	序号	建议或意见	份数
文体类	1	开展文化活动	246
	2	管理文化大院	149
	3	增加健身器材	5
教育类	4	开展德育教育活动	3
医疗卫生类	5	改善医疗条件	1
	6	增加医疗补助	2
就业社会保障类	7	技能培训	9
农村基础设施和环境建设	8	社区绿化维护	206
	9	社区路灯改造	238
	10	社区池塘水源引进	105
	11	增加广播设施	17
	12	清理社区旁边的建渣	128
	13	增加社区监控设施	3
	14	村域环境综合整治	60
	15	设置集中餐饮区	1
	16	整治外社区污水沟	8
	17	外社区自来水管的维护	1
	18	整治污水处理厂污水处理设施	6
	19	社区绿化带增加栅栏	1
	20	清理社区污水管网	1

续表

类别	序号	建议或意见	份数
农村基础设施和环境建设	21	增加社区休息座椅	1
	22	社区房屋维修及风貌改造	8
	23	改造社区电源	1
	24	增加社区房前、屋后排水沟	3
	25	管理社区停车棚	2
	26	社区添置完善宽带	2
	27	修建停车场	2
	28	水厂运营管理	1
农业生产服务类	29	维护农业园区道路	10
	30	维护农业园区沟渠	9
社会管理类	31	便民服务经费	198
	32	治安维护	245
其他	33	平分	1
	34	增加土地租金	2

根据村民的建议，村民议事会拟定了唐昌镇战旗村2012年度公共服务与社会管理资金实施项目，在此基础上进行第二次意见征求，以最终确定实施项目。2012年4月19—23日，战旗村就2012年度公共服务和社会管理实施再次征求群众意见，此次意见征求共发出调查表425份，收回有效表409份、空白表16份。

表4-4　　　　　　　村民意见汇总情况Ⅱ

序号	具体意见	同意（份数）
1	对文化大院进行管理	299
2	组织村民开展文化活动	386
3	对社区内路灯进行改造	402
4	对社区未绿化区域进行绿化对已绿化区域进行日常维护	399
5	社区池塘水源引进	262
6	清理社区旁边原修建社区时遗留的建渣	158
7	对村域环境进行综合整治	322

续表

序号	具体意见	同意（份数）
8	增加广播设施	175
9	治安维护（在村域内开展日常巡逻，维护本村社会治安稳定）	405
10	便民服务（开展便民代办，为村民提供快捷高效服务）	332

项目实施的中期和终期均会进行满意度测评。2012年11月村民议事会组织村民代表对实施的项目进行半年测评，收集群众意见，及时对工作中存在的问题进行整改。2012年12月下旬再次进行测评，及时总结经验。如：2012年12月20日，战旗村进行了2012年度公共服务和社会管理工作社会评价调查，发出测评表50份，收回测评表50份，具体如表4-5所示。

表4-5　2012年度公共服务和社会管理工作社会评价调查情况 *

序号	测评项目	满意	基本满意	满意度
1	宣传动员工作	45	5	90%
2	征求意见工作	46	4	92%
3	形成议案工作	46	4	92%
4	议决公示工作	45	5	90%
5	已实施项目之聘请便民服务员及其工作	46	4	92%
6	已实施项目之村治安巡逻	46	4	92%
7	已实施项目之文化活动	45	5	90%
8	已实施项目之社区绿化	45	5	90%
9	已实施项目之农业产业园区道路维修	48	2	96%
10	建议或意见			

在社会基层管理中加入大量民意调查，使战旗村在公共服务和社会管理方面逐渐形成了自己的管理模式，总结出了"民主管理六步工作法"。

---

* 由于四舍五入的原因，文中、表中的数据有可能出现差异，敬请谅解。

4. 村民决策的公示制度

为了将公共服务和社会管理资金使用得更加恰当，战旗村2010年度村级公共服务和社会管理项目，在充分征求群众意见，并由村联席会议讨论、汇总后，由村民议事会讨论在2010年9月9日以无记名投票的方式表决（应到37人，实到26人），确定战旗村2010年度村级公共服务和社会管理资金用于以下项目（见表4-6），并将表决情况予以公示。

表4-6　战旗村2010年度村级公共服务和社会管理资金表决情况

序号	通过的项目	资金预算	同意	不同意
1	设置社区入口限宽柱，禁止大车驶入	1万元	25	0
2	改造从广场到社区北入口小广场一带的绿化	12万元	18	0
3	深化大学生进农家活动和文化大院活动经费	2万元	15	0
4	购买治安维护的经费	3万元	14	0
5	购买便民服务的经费	2万元	13	0

战旗村2012年度村级公共服务和社会管理项目，在充分征求群众意见，并由村联席会议讨论、汇总后，由村民议事会讨论在2012年7月2日以无记名投票的方式表决，确定2012年度村级公共服务和社会管理资金用于以下项目（见表4-7），并将表决情况予以公示。

表4-7　战旗村2012年度村级公共服务和社会管理资金表决情况

序号	通过的项目	资金预算	同意	不同意	弃权
1	社区绿化及绿化维护	8万元	38	0	0
2	社区路灯改造	7.3万元	38	0	0
3	治安维护	8万元	38	0	0
4	文化大院文体活动	5万元	36	0	2
5	便民服务	2.8万元	38	0	0
6	合计	31.1万元			

说明：本表合计金额系本年度公共服务和社会管理资金额30万元加上年度专项资金结余额1.1万元之和。

除此之外，战旗村坚定执行财务公开制度。坚持每季度公开，以村务公开栏为主要载体，也可召开财务公开发布会等形式，扩大群众知晓面。财务公开须经民主监事会授权的理财小组审核后方可进行。村级组织或村民对财务公开有异议的，可向村级党总支、民主监事会反映，相关组织应在规定时间内作出答复。图 4-13 为战旗村 2011 年第三季度财务公示。

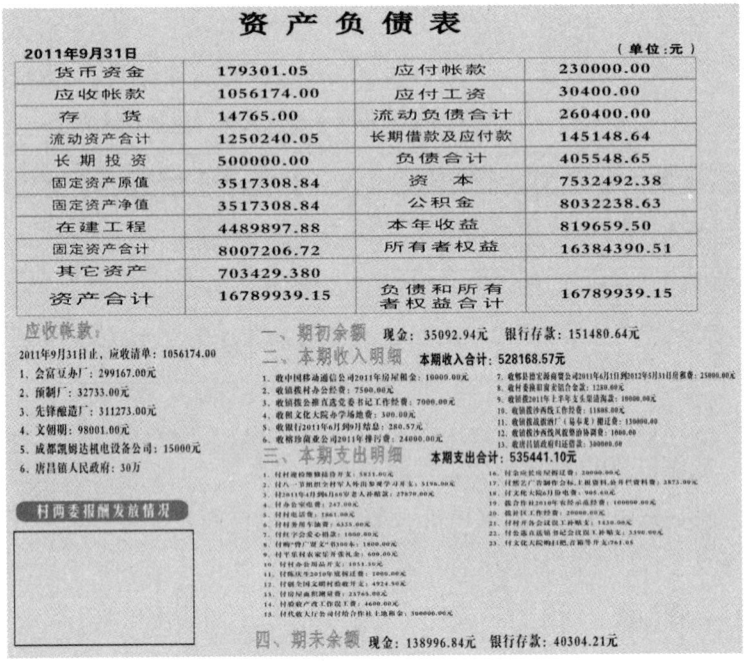

资产负债表

2011年9月31日　　（单位：元）

货币资金	179301.05	应付帐款	230000.00
应收帐款	1056174.00	应付工资	30400.00
存　货	14765.00	流动负债合计	260400.00
流动资产合计	1250240.05	长期借款及应付款	145148.64
长期投资	500000.00	负债合计	405548.65
固定资产原值	3517308.84	资　本	7532492.38
固定资产净值	3517308.84	公积金	8032238.63
在建工程	4489897.88	本年收益	819659.50
固定资产合计	8007206.72	所有者权益	16384390.51
其它资产	703429.380		
资产合计	16789939.15	负债和所有者权益合计	16789939.15

应收帐款：

2011年9月31日止，应收清单：1056174.00

1、会富豆办厂：299167.00元

2、预制厂：32733.00元

3、先锋酿造厂：311273.00元

4、文朝明：98001.00元

5、成都凯姆达机电设备公司：15000元

6、唐昌镇人民政府：30万

村两委报酬发放情况

一、期初余额　现金：35092.94元　银行存款：151480.64元

二、本期收入明细　本期收入合计：528168.57元

1、收中国移动通信公司2011年房屋租金：10000.00元

2、收镇拨村办公经费：7500.00元

3、收镇拨公推直选党委书记工作经费：7000.00元

4、收租文化大院办学场地费：300.00元

5、收银行2011年6月到9月结息：280.57元

6、收榕珍商业公司2011年排污费：24000.00元

7、收郫县德宏源商贸公司2011年6月1日到2012年5月31日房租费：25000.00元

三、本期支出明细　本期支出合计：535441.10元

四、期末余额　现金：138996.84元　银行存款：40304.21元

图 4-13　战旗村 2011 年第三季度财务公示

（三）新型社区居住管理

战旗村在建设新型农村社区的过程中，为了维护村容村貌管理，改善农村居住环境，结合战旗村实际，村民委员会制定了《战旗新型社区管理办法》，由村民代表大会审议通过，该办法对中心村农民聚居点的道路、建筑物、园林绿地、户外广告及店招管理、道路照明及光彩工程、施工工地、环境卫生、消防安全等都做出了规定。由县级的规划、建设、工商、公安、水务等职能部门行使执法权。

关于道路管理方面，对保持道路的畅通、平整和相关公共设施的完好做出了规定。如：不得擅自在新型社区、聚居点的道路旁随意停车；在社区道路及本村其他人口密集区域内行驶的车辆，速度不得超过40公里/小时；严禁占用社区道路、广场及其他公共场所进行棋牌、演唱、咨询宣传及其他经营活动；严禁占用消防通道，在社区道路和消防通道上停放大型工程机械和运渣车。

关于建筑物管理方面，对改装建筑规格、改变外面景观、乱搭乱建等均做出规定。如：新建、改建、扩建各类建筑物，须上报批准，其设计造型、装饰色彩、风格应符合社区区域景观规划要求；临街的阳台和商铺，窗台不得安装外凸防护栏、不得设置遮阳（雨）篷，不得吊挂、晾晒或摆放有碍观瞻的物品；层顶不得乱搭乱建鸽棚、鸡舍及其他建筑物，搭设凉篷的应与周围环境相协调，且应坚固牢实，不能有任何安全隐患，同时应注意保持层顶的环境卫生；严禁在行道树、护栏、路牌、电杆、路灯杆等设施上吊挂、晾晒衣物及其他有碍观瞻的物品。

关于户外广告及店招管理方面，对广告的形式、内容、地点均做出了明确的规定。比如：未经批准不得占用道路、路牌、电杆、路灯杆等户外空间设置标牌、灯箱及其他形式的广告；严禁在社区建筑物的外墙面和公用设施上乱贴、乱写、乱画、乱喷涂广告标语；经批准设置或已经设置的户外广告、灯箱、商招、店招应设置牢固、制作精美、用字规范，字迹、图案清晰、完整，并保持清洁、无破损、脱漆、缺字。商招、店招应设置在铺面门楣上方。同一条街道或同一幢楼层设置的商招、店招的高度、风格应尽量一致，保持协调。

关于绿化和环境管理方面，对绿化保护、生活垃圾、建筑垃圾、卫生、宠物和噪声等都做出了相关规定。如：任何单位和个人不得擅自侵占、毁坏绿地和绿化设施，不得在社区内种菜，搭建鸡舍、猪舍及其他棚舍；生活垃圾必须扔到垃圾桶内或交由垃圾清运人员清运到垃圾中转站，严禁乱倒垃圾、渣土、下水道废弃物、污水、潲水，严禁乱扔动物尸体、禽畜内脏及其他污物，严禁在露天、道路或环卫设施内焚烧垃圾或其他废弃物；临街的商铺实行"门前五包"责任；严禁直接向沟渠内排放污水，倾倒垃圾、动物尸体和有毒有害物，不得擅自打井取水；在社区内进行施工时，严禁占用社区道路、公共场所堆放建筑材料，渣土及其他建筑废弃物应及时清运，并保持街面整洁；社区内禁止喂养大型犬只，喂养宠物应在村民委员会登记后，进行圈养，不得敞放。宠物在公共场所产生的粪便，宠物所有人应及时清扫；必须控制噪声污染，不得影响他人的正常生活和工作。

关于社区消防管理方面，对消防宣传、消防检查、消防设施维护、消防培训等都做出了规定。比如：利用墙（板）报、宣传橱窗和散发传单等形式向居民进行消防宣传教育，经常进行防火提示；每月组织一次消防工作大检查，主要检查火险隐患，消防设施、器材的完好和保障疏散通道、安全出口畅通等情况，发现问题及时给予处置；确保辖区公共消防设施、器材完整好用；每季度组织一次义务消防员培训，主要学习防火基本知识，熟练掌握灭火基本技能，进行集中灭火演练。

（四）经验总结和评价

战旗村新型农村社区管理方面的建设已经基本成型，可以总结为村民自治、民主监督、便民服务和满意测评四个方面。对于正在形成中的农村社区来说，应该从以下几个方面着手。

第一，对新社区进行统筹规划。充分考虑现有发展水平、地缘关系、历史沿革、风俗习惯、自然条件等因素，立足当前，着眼长远，将新型农村社区规划纳入到本地区的经济社会总体发展规划当中，结合城镇总体规划、土地利用总体规划、基本农田保护规划等，以县为单位，研究制定村庄合并布局规划。坚持统一规划，分步实施，配套推进，逐年完善，积极建设农村新型社区。暂时条件不具备的，要留出发展空间，超前规划，分步实施，逐步完善。

第二，在建设农村社区的同时，要同步配套设施，保证社区服务功能完备。在改善住房条件的同时，配套加强供水、供热、供气等设施建设。特别针对养殖业发展和秸秆多的社区，应该建设大型沼气站、秸秆固化站建设，实现粪便、秸秆等资源的循环利用，大力发展清洁能源，积极推进低碳生活。改善农民生活条件，寻求提高农民生活水平与村镇建设同步推进，努力强化产业支撑，提高农民的非农业收入，积极培育农民向新型社区市民的方向转变，保证农民在新型社区里住得起、住得好，不断提高农民素质，适应新农村建设需要。

第三，创新农村社会管理，坚持村民自治体制。按照城乡经济社会发展一体化新格局的要求，将县政府各部门的职能延伸到农村社区，实行一体化管理和服务。创新农村社区党建模式，完善党组织领导下的社区居民自治制度，健全社区工青妇等群团组织，培育发展社区服务性、公益性、互助性社会组织，形成政府行政管理与社区自治有效衔接、良性互动的管理机制。撤屯并村或新农村建设标准较高的村设立党委（总支），根据实际情况下设党支部。社区分别组建社区村民委员会，下设经济联合社、服务中心（包括服务大厅、卫生所、计生服务站等）、物业管理工作站（社区保洁、供暖、供气、供水等）。经济联合社是集体所有制经济组织，有依法独立进行经济活动的自主权。原村集体资产、债权债务不变；原村资产形成的收益权属关系不变；原村土地承包关系不变。

五　村庄社会管理

（一）村民选举制度

农村基层民主法律政策逐步走向多元化。继"八二宪法"给予村委会农村基层群众性自治组织法律定位后，中央《关于加强农村基层政权建设工作的通知》进一步要求各地区充分发挥农村基层自治组织自我教育、自我管理、自我服务作用，特别是《中华人民共和国村民委员会组织法（试行）》的正式实施，我国农村基层自治开始有了基本法律保障。1990年，民政部在全国范围开展村民自治示范活动，重点开展民主选举建设。1998年，《中华人民共和国村委会组织法》在全国人大常委会上正式通过，这就从根本上奠定了我国农村基层民主的法律基础。随后，关于发展农村基层民主的指导文件陆续出台，如《关于进一步做好村委会换届选举工作的通知》（中办发〔2002〕14号）《关于健全和完善村务公开和民主管理制度的意见》（中办发〔2004〕17号）等，这些文件对规范农村民主选举、民主管理以及村务公开等方面进一步做出相应规定，构成了我国农村基层民主发展的政策基础。在各地农村自治实践发展和吸收农民群众创新经验基础上，党和政府也拓宽了涉农法律内容关联度，以更好地发挥对村民自治的法制保障作用。

以战旗村2010年第九届村民委员会换届选举为例，我们对村委会的选举过程进行梳理。

第一步，在正式选举之前，需要对候选人进行预选。根据《战旗村第九届村民委员会换届选举预选办法》，正式候选人采取召开村民代表大会的方式确定，本次预选应选出主任候选人2名，委员候选人3名。预选分两次投票，第一次投票选出主任正式候选人，第二次投票选出委员正式候选人。每张选票小于或等于应选人数，选票有效；多于应选人数为无效票，字迹不清或无法辨认的由选委会确定是否有效。预选设由大会通过的总监票1名，监票员2名，总计票员1名，计票员2名。预选的到会人数应达到应到人数的4/5选举有效，以得票多的当选正式候选人。若得票多的候选人数相等且符合应选人数要求，则视为当选；若得票少的候选人票数相等，且应选名额不足时，应当就相等的候选人进行重选，以得票多的当选。

第二步，2010年12月2日经村民代表大会讨论通过《战旗村第九届村民委员会换届选举办法》，该办法根据《中华人民共和国村民委员会组织法》《四川省〈中华人民共和国村民委员会组织法〉实施办法》，并结合本村实际制定。选举将产生村委会主任1名，委员2名，均实行无记名投票的差额选举，选民对选票上所列的候选人，可以投赞成票，可以另选其他人。缺席的选民可以书面委托他人代为填写选票和投票，但代为他人选举投票不得超过3人。参加投票选举的选民必须超过全体选民的半数，若收回的选票多于发出的选票，选举无效，应重新进行选举。每张选票所选人数多于应选人数，全部书写模糊无法辨认的，为无效票。候选人获得的赞成票数超过到会选民的半数，且得票多者当选；当候选人票数相等时，重新投票。如遇获得过半数赞成票的候选人少于应选名额时，不足的名额由选委会确定进行另行选举。大会设总监票员2名、总计票员1名、总唱票员1名，各社设监票员1名、计票员1名、唱票员1名。

第三步，举行正式的村民委员会选举大会。在正式步骤之前，全体起立，奏唱国歌，宣布会议纪律：遵守大会纪律，保持会场秩序，珍惜民主权利。正式选举分为以下流程：

第一项：请各社选举工作人员清点人数，并将清点结果报大会主席团，以确定是否超过选民总数的一半，才可以进行选举。第二项：报告本次预选工作进展情况。介绍主任的两位正式候选人和三位委员正式候选人及其简要情况。第三项：由主任、委员正式候选人发表竞选演讲。选民对正式候选人进行提问。第四项：宣布选举工作人员，两名总监票员、一名总唱票员、一名总计票员、一名秘密写票间监督员。第五项：检查并密封票箱。请总监票员和各社监票员，当众检查选举大会会场的票箱是否空箱，并将各票箱贴上封签。第六项：启封、清点选票，请大会总监票员面向选民当众拆开密封的"选票袋",并分发到各社,请各社唱票、计票、监票人员清点盖有公章的选票张数,并报告大会主席团。第七项:总监票员讲解选票的规定和画法。第八项:验证发票、画票、投票,选民依顺序排队领取选票,到秘密写票间画票,按秩序投票。第九项:集中票箱,清点选票数、检验选票,各社工作人员开启票箱,清点票数,并将清点结果报总计票员汇总,总计票员向大会报告选票清点情况。第十项:公开计票、当场公布结果,各社工作人员逐张检验选票、统计各候选人得票情况,并将得票情况报总计票员汇总,最后总唱票人宣布计票结果。第十一项:封存选票、填写选举结果报告单。第十二项:主持人宣布当选名单。最后新任村委会主任作任职承诺。

(二) 村民自治体系

现阶段村民自治核心的"四个民主"——民主选举、民主决策、民主管理和民主监督是四方面有机结合的整体,它们的稳步均衡发展是衡量农村基层民主政治建设的重要指标。

民主选举是既能表达农民意愿又能显现农民政治参与能力的"显示器",合法、理性的民主选举是民主管理、民主决策、民主监督的前提。选举方式和候选人提名方式逐步多样化,"海选"村主任和通过"两票制""两推一选"制选举村支书越来越普遍,这既扩大了当选者的民意基础,也保证了当选者的广泛性和代表性。民主决策是推进社会主义民主政治建设和保障国家一切权力属于人民的重要途径。科学的民主决策既能保证农民的知情权,又能规避不切实际的瞎指挥,尤其是涉及农民切身利益的事情。民主管理在管理手段上较以前有了进步。在涉及农村集体土地、发展村集体经济等关系农民切身利益的问题上,农民依托网络工具和两个公开,主动参与民主管理,并提出建设性意见。民主监督因直接关联民主选举、民主决策和民主管理效度而具有特别重要的意义。随着农村经济发展，农民民主意识逐步觉醒，特别是在新一轮城镇化建设过程中，农民自身权益受挤压的现实也使其意识到民主监督的重要性。农民开始重视村民代表大会、村财务监督小组等在监督两委权力运行上的作用，特别是在征地拆迁、青苗补偿款分配等重大事项上，能够积极主动地通过各种方式全程参与到监督中去，这在一定程度上既减少了农村土地资源浪费，也减少了基层党员干部从中渔利、变相腐败等现象的发生。

为了贯彻村民自治，战旗村成立了由村民代表为主体，村内的人大代表、政协委员、企业代表和村委干部等15名人员共同组成的村民主监事会，对村集体资金使用安排等全村重大事项进行监督。在村民主监事会的推动下，村两委组织召开了村民代表大会，讨论制定了《战旗村村民自治章程》和《战旗村民主管理办法》，并按该办法的规定，先后就村集体资产改制、村容村貌改造、村文化大院建设等进行了民主决策。

1. 村民自治的组织结构

村党总支是村级组织的领导核心，领导方式主要是思想政治领导，要充分发挥在班子建设培养选拔、重大问题决策管理、经济发展引导推动、人才队伍培养教育、社会组织管理指导监督、产权制度改革的组织领导等作用。

村民委员会是村民自我管理、自我教育、自我服务的群众性自治组织，由主任、委员组成，下设集体资产管理、社会事务管理、治安保卫委员会三个组织机构。

民主监事会是由村民代表会议民主选举的群众性民主监督组织，受镇党委和村党总支双重领导，对村民代表会议负责。村党总支负责指导民主监事会制订工作计划，安排部署工作，提供保障服务。成员经村民代表会议选举产生，成员7人，设监事会主席1人。村涉及的一次性日常开支在2000元以上，政策性和公益性开支在10000元以上的开支计划，应当事前征求监事会意见；村财务账目的公开，须经监事会审核签字后，方可统一向村民公布。

村级公共服务组织是政府公共服务职能向下延伸的综合性便民服务平台，由村民委员会负责日常管理，同时接受县、镇政务服务中心的业务指导。主要包括公共卫生站、便民服务中心、文体活动站、警务调解室。工作人员可由村委会干部和由"一村一大"（即"一村一名大学生计划"培养的人才。通过现代远程开放教育方式，将高等教育延伸到农村，尽快为农村第一线培养一批"留得住、用得上"的技术和管理人才，使他们成为发展农村经济和农业生产的带头人、农村科技致富带头人和发展农村先进文化的带头人，从而推动农民增收和农村社会、经济的发展）担任，也可向社会招聘。集体经济组织是群众自愿参与的自主经营、自负盈亏、风险共担、利益共享的法人实体和市场主体。现有集体经济组织应加快改革，完善法人治理结构，实施股份制改造，做到产权清晰、权责明确、管理科学，健全决策、执行和监督体系。股东大会、董事会和监事会成员必须依法产生，自觉接受监督。

群团组织是在村党总支和村民委员会领导下的群众性自治服务组织。妇联、团支部、工会、老年协会、民兵组织要按照各自章程履行职责，发挥作用，其负责人也可由村民委员会成员兼任。

2. 村民自治的民主决策机构

村民会议是全村重要事务的最高决策机构，由全体村民组成。村民会议的主要职责：选举村民委员会；制定和修改村民自治章程和村规民约；罢免村民委员会成员；听取和审议村民委员会工作报告；讨论决定户代表会议或村民代表会议认为需要提交村民会议讨论涉及全村群众利益的重大规划和决策。村民会议应按法律的有关规定按期召开，村民会议由村选举委员会或村党总支和村民委员会主持。因工作需要或10%有选举权的村民提议，经村级组织联席会议同意，也可不定期召开。村民会议由村民委员会主持，实到人数达村民总数的一半方可开会，对重大事项的决策须到会人数的一半以上表决通过。

户代表会议是全村重大村务的决策机构,由本村每户推选1名代表组成。受村民会议委托,户代表会议的主要职责:推选村民代表;实行"一事一议"制,讨论决定村民代表会议认为应提交户代表会议讨论的涉及本村群众共同利益的重大事项。户代表会议由村党总支和村民委员会主持,可定期召开,也可根据需要不定期召开。实到户代表达到2/3方可开会,对重大事项的决策须到会人数的一半及以上户代表表决通过。

村民代表会议是村民会议闭会期间的常设性决策机构,由全体村民代表组成,对村级重大事项行使决策权。每10—15户推选产生1名村民代表,全村村民代表总数为51名。村民代表的选举时间与村民委员会换届选举同步。村民代表实行任期制,任期三年。村民代表会议的主要职责:听取和审议村委会的工作报告,并提出意见和建议;提出修改村民自治章程和村规民约的建议或方案;选举民主监事会;制定或修改单项管理制度;开展社会评价工作;讨论决定土地整理、流转方案;讨论决定公益事业、公共设施建设、公共服务有关问题;对集体资产的重大变动做出决议、决定;讨论决定村级组织工作人员的补贴;讨论决定新型社区管理有关问题;讨论决定由村民会议授权或村级组织联席会议认为需要提交村民代表会议讨论决定的其他事项等。

村民代表会议每年至少召开两次。村民代表会议由村党总支和村民委员会主持。根据工作需要,经村级组织联席会议决定或有1/3以上村民代表提议,经村级组织联席会议同意,也可召开。会议由村党总支和村民委员会主持。实到会代表达到代表总数的80%方可开会,表决事项须经到会代表2/3以上同意通过。

3. 村民自治的管理制度

民主决策制度。村级组织和村民代表认为应提交"三会"(村民大会、户代表会议、村民代表会议)讨论的重大事项必须按程序提交讨论。提交讨论前，村"两委"应制订相应方案。对于村级重大事项应提交而未提交"三会"讨论通过、村级组织擅自做出的决议决定，"三会"有权行使否决权。"三会"决策实行无记名表决，决策一旦做出，应责成相关村级组织负责贯彻执行。

决策落实制度。凡经"三会"讨论通过的决议决定，各村级组织和全体村民都必应自觉遵守。若违反规定和程序或执行中因主观失误造成重大损失的，应承担相应责任。对"三会"决议决定拒不执行的村级组织成员和村民，应予以适当处罚。责任追究和处罚办法另行制定。

村级组织联席会议制度。村级组织联席会是指由村两委、村民主监事会主席、下属党支部书记、各村民小组组长组成参加的会议。其主要议题是听取村级组织工作汇报并安排部署工作、研究讨论工作中的新情况新问题以及重大决策执行中解决问题的办法、对提交"三会"讨论的事项提出具体方案、对村级组织的工作进行督促检查等。联席会议由村级党总支主持，经村党总支、村民委员会或其他组织提议，根据工作需要，可随时组织召开。

财务公开制度。坚持每季度公开，以村务公开栏为主要载体，也可召开财务公开发布会等形式，扩大群众知晓面。财务公开须经民主监事会授权的理财小组审核后方可进行。村级组织或村民对财务公开有异议的，可向村级党总支、民主监事会反映，相关组织应在规定时间内做出答复。

民主监督制度。凡要求公开的重大问题、信息、决策、项目等必须向群众公开，落实群众知情权。村级组织应自觉接受监督，在重大问题决策、讨论审议、执行决议等过程中，须邀请民主监事会参与，否则，监事会有权向上级组织和决策机构提出否决建议。民主监事会的监督情况，应定期按要求向群众公开。

社会评价制度。社会评价是群众广泛参与的民主监督活动。评价主体为党员代表、村民代表、村级组织代表以及普通群众代表，也可邀请其他组织和人员进行评价。评价范围为村两委班子及成员、公共服务和片站组织及人员、群团组织等。社会评价由民主监事会主持，每年进行一次。

六 本章小结

在当前我国新型城镇化进程中，新型农村社区社会管理创新是人们面临的一个全新的、动态的重要课题。新型城镇化是以城乡统筹、城乡一体、产城互动、节约集约、生态宜居、和谐发展为基本特征的城镇化，是大中小城市、小城镇、新型农村社区协调发展、互促共进的城镇化。新型城镇化的核心在于不以牺牲农业和粮食、生态和环境为代价，着眼农民，涵盖农村，实现城乡基础设施一体化和公共服务均等化，促进经济社会发展，实现共同富裕（蔡昉，2010）。在战旗村的调查过程中，我们看到了农村发展建设的美好前景。同时，在推动新型农村社区建设的进程中，难免出现一些意想不到的棘手问题，这些问题必然会给社会管理工作的顺利开展造成困难。立足现实破解这一难题的关键，在于抓住当地生产生活方式转变对居民就业模式、思想观念、价值标准、心理个性、行为习惯等方面的影响和作用，在社会管理方面顺势而为，创造新的管理模式。

关于法制化和制度化建设方面。现阶段，我国依然处于从礼俗"熟人社会"向法理"契约社会"转变的过渡时期。鉴于建设新型农村社区的一大特点是反弹琵琶，以生活方式转变带动生产方式转变，因而在新型城镇化进程中，新型农村社区社会管理创新的关键就在于超越"熟人社会"，在政治、经济、文化等方面对社会管理体制机制、方式方法、路径选择及社会成效产生影响和作用。这也就是说，在管理体制机制上，有关方面应强化社会管理法治化的主导地位和长效作用，在管理理念上应实现从封闭式管理向开放式管理、防控式管理向服务型管理、应急式管理向规范化管理的转变，并且在方式方法上实现依法行政与以理服人刚柔相济，以及在其路径选择上实现政法工作、群众工作、社会工作三者的融会贯通。

关于民主建设和居民参与方面。在推动新型农村社区建设的进程中，进行社会管理创新需要发挥政府和群众两种积极性和创造性，并且需要诉诸利益需求引导和公平正义开道两种价值导向的有效对接。换句话说，建设新型农村社区要遵循规律、扎实推进，既不能因追求进度而忽略质量，也不能因追求完美而强求一律。否则，就必然会给加强和创新社会管理工作带来诸多麻烦，或使之流于形式，致使本应是政府与民众协调一致的良性互动局面突变成为地方政府与民众产生矛盾的催化剂。因此，新型农村社区建设理当遵循"分类指导、规划先行、群众自愿、就业为本、量力而行、政策引导、市场运作"的正确方针，使广大农民真正成为踊跃参与者、积极推动者和最大受益者。

关于文化传承和观念革新方面。培育传统的农村亲情、乡情文化与现代化的管理服务的兼容性，应当是新型农村社区建设中社会管理创新的切入点和着重点。这样一来，可以给予人们个体生活和家庭生活以切实保障，有效避免在城镇化、工业化进程中人们出现思想观念及行为习惯方面的变异，并及时消除各种不利于城乡基层社会和谐稳定的隐患。作为推进城乡基础设施一体化和公共服务均等化的载体，新型农村社区在加强和创新社会管理方面也务必体现自身城乡交融互动的特色。在其逐步实现由村民自治向居民自治转变的过程中，要综合考虑社区居民在生产生活、生态环境、社会心理、行为习惯、文化传承等方面对于现代文明的适应性及创造性。

总之，像战旗村这类典型的新型农村社区建设中推进基层社会管理创新，是一个颇有理论意义和实践价值的重要课题。对于尚处于转型发展与跨越发展并举阶段的欠发达地区来说，这的确也是一个值得为之付出艰辛努力的时代光荣任务。

典型材料4-3

新型社区的现代管理——业主委员会
业主与业主大会

为了加强唐昌镇战旗村社区的物业（以下简称"本物业"）的管理，维护全体新型社区业主的合法权益，保障物业的安全与合理使用，维护公共秩序，创造优良环境，借鉴当代社区管理经验，根据《中共中央国务院关于推进社会主义新农村建设的若干意见》《村民委员会组织法》《成都市市容村貌管理暂行规定》和《郫县镇容村貌管理暂行办法》《战旗村村规民约》等政策法规，同战旗村现实情况相结合，组成业主大会、选举产生业主委员会、制定业主公约。

我们在此处所说的业主是指战旗村物业管理区域内各类住宅、非住宅房屋及其他各类物业的产权所有人。其享有所拥有物业的各项权利；依法合理使用房屋建筑共用设施、共同部位和本物业内公用设施和公共场所（地）的权利；有权按有关规定进行室内装饰装修；有权自己或聘请他人对物业自用部位的各种管道、电线、水箱以及其他设施进行合法修缮，但法规政策规定必须由专业部门或机构施工的除外；有权根据房屋建筑共同部位、共用设施设备和属物业管理范围的市政公用设施的状况，建议物业管理公司及时组织修缮；有权参加业主大会，并拥有对本物业重大管理决策的表决权；有权就物业管理的有关事项向业主委员会、物业管理公司提出质询，并得到答复；有权要求业主委员会和物业管理公司按照规定的期限定期公布物业管理收支账目；有权对物业管理工作提出建议、意见或批评；有权向物业管理主管部门进行投诉或提出意见与建议；有权要求房屋建设毗连部位的其他维修责任人承担维修养护责任，对方不维修养护或不予配合的，可要求业主委员会或物业管理公司强制维修养护，按规定分摊费用。除了以上业主所拥有的权利以外，业主需要相应的义务：在使用、经营、转让所拥有物业时，应遵守物业管理法规政策规定；执行和服从业主委员会或业主大会的决议、决定；自觉维护公共场所的整洁、美观、畅通及公用设施的完好；按规定缴纳物业管理服务费、房屋本体维修基金等费用；业主如需进行室内装饰装修，必须遵守本物业装饰装修管理规定，并填写申请表，报物业管理公司审查批准后，向物业管理公司缴纳装饰装修押金方可按规定施工，完工后由物业管理公司进行查验，如无违规、违章情况或妨碍他人正常使用物业的现象（如渗、漏、堵、冒等），押金予以退还，否则视违章情况予以扣除并限期整改；如属统一清运垃圾和粉刷楼梯的，还应同时缴纳垃圾清运费和粉刷费；如有额外使用公用设施（如电梯、供电增容等）的，还应承担相应的补偿费用；业主如请物业管理公司对其自用部位及设施设备、毗连部位及设施设备进行维修、养护，应支付有关费用；明白并承诺与其他非业主使用人在建立合法使用、维护、改造所拥有物业的法律关系时，应告知并要求对方遵守本物业管理的有关规定和本业主公约，并承担连带责任；明白并承诺业主及非业主使用人与物业管理公司在本物业内不存在人身、财产保管或保险关系（另有专门合同规定除外）。

基于业主相应的权利和义务，战旗村新型社区全体业主组成战旗村业主大会，是决定本物业管理重大事项的业主自治管理组织。业主大会必须有半数以上的业主出席才能举行，业主可以委托其代理人出席大会。

业主委员会及委员

业主委员会是业主大会的常设（执行）机构，经政府部门批准成立后，维护全体业主的物业权益，依法行使各项权利。其宗旨是：代表和维护全体业主的合法权益，保障物业的合理、安全使用，维护本物业管理区域内的公共秩序，创造整洁、安全、舒适的居住环境。业主大会和业主委员会均应接受上级行政主管部门的指导与监督。第一次业主大会由业主委员会筹备小组，按法定程序和形式召集，并选举产生首届业主委员会。

业主委员会有召集和主持业主大会；制定委员会章程，代表业主、使用人，维护其合法权益；在建房过程中负责监督施工方，确保建房质量，并收集业主意见、建议及时与施工方沟通；在房地产行政主管部门的组织或指导下，采取公开招标或其他方式，选聘或者解聘物业管理企业，与物业管理企业订立、变更或者解除物业管理服务合同；审定物业管理企业提出的物业管理服务年度计划、年度财务预决算、住宅配套工程和重大的维修项目计划；负责维修基金的筹集、使用和管理；监督公共建筑、公共设施的合理使用；组织换届改选业主委员会；提出修订业主公约、委员会章程的议案；监督、检查各项管理工作的实施情况及各项规章制度的执行情况；业主大会赋予的其他职责和权利。业主大会在行使相应权利的同时，必须肩负起相应的义务：向业主大会报告工作；执行业主大会通过的各项决议、决定；接受业主和使用人的监督；听取业主和使用人的意见和建议，监督物业管理企业的管理服务活动；协助物业管理企业落实各项管理工作，协助物业管理企业收缴物业管理的有关费用；涉及全体业主利益的有关事项决定，应书面或口头通告，也可张贴公布。其中重大事项，必须经业主大会通过；建立业主委员会档案制度；自觉接受房地产行政主管部门及各有关行政主管部门和物业所在地人民政府的监督指导；委员会作出的决定，不得违反法律、法规、规章和规范性文件，不得违反业主大会的决定，不得损害公共利益。

战旗村内物业管理区域的业主均可以参与委员会委员选举，前提必须是能够遵守物业管理法规、规章、规范性文件和业主公约、业主委员会章程；有一定组织能力和必要工作时间，能够较好履行业主委员会成员职责；品行端正无劣迹；热心公益事业。同时，也规定了如若业务委员会委员无故缺席委员会会议连续3次以上、因健康原因丧失履行职责的能力、有违法犯罪行为被司法部门认定的或因其他原因不适宜担任委员的需停止担任业主委员会委员。

建设监督与日常管理

在战旗村如火如荼的社会主义新农村建设中，业主们扮演了重要的角色。新社区的建设和管理都能看到业主以及业主委员会的身影，为新社区的施工安全、建设安全以及新社区建成后的日常管理做出了保障。

新型社区的规划，虽然已有工程科研人员的科学规划，但是落实到战旗村的现实情况，出现了一系列大大小小的问题。业主委员会此时代表业主的利益与社区负责前期规划的行政部门和施工单位进行有效协调，推动了施工前的规划设计定稿和规划时做的局部改动。原战旗村新型社区蔬菜市场的设计方案在向业主宣传反馈时，有许多业主提出不认同此设计方案，其认为规划设计方案不够合理，未能完全发挥市场功能。业主委员会就此向原设计单位提出业主们的考虑，并要求他们对蔬菜市场进行重新规划设计。重新设计后的方案再次经业主委员会研究、讨论后认为，其设计合理、功能齐全、便于管理。因此，业主委员会向施工单位成都市惠农建设公司提出意见，要求社区市场按重新设计后的方案实施。方案更改实施后，战旗村业主委员会向郫县及唐昌镇政府完成报备；在前期的社区规划图中，沿唐宝路有6户住房和村委会至柏条河沿路的住房都直接从大路进出，不符合交通和防窃安全，也不利于今后小区的管理。故经战旗村新型社区业主委员会讨论，对社区规划图提出了改进要求：要求以上住房把方向进行调整，由小区内进出，不影响整体规划。另外对规划图纸左下角单独的五人户，周围环境太特殊，大家意见大，不利于安排，要求住户与水塘位置进行调换，使得规划更为合理。

在新型社区建设过程中，业主委员会兢兢业业。时刻监督工地施工，严防工程建设项目常常出现的偷工减料、消极怠工等现象。2007年11月6日，郫县唐昌镇战旗新型社区业主委员会质量检查组成员在对新型社区建筑工地进行巡查时，发现如下问题：A标段垫层不符合设计标准（水比过大，厚度不够，只有16厘米）；C标段45号出现基础活砖；全标段回填土都没按协调会议所确定的取土方案进行取土，而就地取表土，不仅影响建筑质量，又不利于今后的绿化工作，还会增加投资总额。在确认监督结果后，战旗村业主委员会直接通报成都市启迪建设管理公司，督促该公司加强管理，严格按照要求施工，及时解决以上问题、并进行严肃处理，同时以此为戒，杜绝类似问题的再次出现。并要求该公司于2007年11月10日前将处理结果书面通知业主委员会。在上述问题进行整改时，业主委员会派驻相关工作人员在现场监督、验收。

战旗村新型社区竣工后，紧接着面临的便是新型社区分房以及一系列后续的日常管理。根据战旗村现实情况，业主委员会通过初次分房和二次分房，实现战旗新型社区第二次房屋分配公开、公平、公正及合理有序地进行。

根据业主同业主委员会制定的擅自改变房屋建筑及其设施设备的结构、外貌（含外墙。外门窗、阳台等部位设施的颜色、形状和规格）、设计用途、功能和布局等；对房屋的内外承重墙、梁、柱、板、阳台进行违章凿、拆、搭、建；占用或损坏楼梯、通道、屋面、平台、道路、停车场、自行车房（棚）等公用部位、设施及公共场所（地）；擅自损坏、拆除、改造供电、供水、供气、通信、排水、排污、消防等公用设施；不按规定堆放物品、丢弃垃圾、高空抛物；违反规定存放易燃、易爆、剧毒、放射性等物品和排放有毒、有害、危险物质及饲养家禽、宠物等；践踏、占用绿化地，损坏、涂画园林建筑小品；影响市容观瞻或本物业外观的乱搭、乱贴、乱挂、设立广告牌等；随意停放车辆和鸣喇叭，制造超过规定标准的噪声；利用房屋进行危害公共利益或其他不道德的行为；法律、法规及政府规定禁止的其他行为。通过业主委员会和广大业主对新社区的日常管理，目前战旗村已然构建成管理有序、服务规范、秩序良好、环境优美、文明和谐的新型社区。

第五章

农村产业、就业与村级经济发展状况

20世纪70年代末，战旗村是四川省当地农业学大寨的先进村。党的十一届三中全会后，战旗村按照中央会议精神，以经济建设为中心，在县武装部的引导下，利用村上经逐年积累的一定粮食储备变卖款，投资购买了机器，利用本村的良田调换了相邻的园艺村的山地，开办了村上的第一家集体企业——先锋第一机砖厂。从那以后，战旗村的集体经济便像滚雪球一般得到了十足的发展。直至90年代初，战旗村已拥有了12家集体企业。1994年，在全县首批股份制试点中，将本村经济效益较好的5家企业："先锋一砖厂"、"先锋酿酒厂"、"会富豆瓣厂"、"先锋面粉加工厂"、"郫县复合肥厂"改制为股份合作制企业，成立组建了"成都市集凤实业总公司"，公司成立董事会，负责企业的经营管理工作。后因经营管理方面出现问题，致使企业经济效益逐年下降，企业资产不断流失。战旗村的集体经济之路自此便陷入了困境。

一 现代农业产业化发展道路

困境催生改革动力。经过两个十年的不断奋斗，目前村内的各类企业蓬勃发展,是战旗村改革发展的代表。21世纪头10年,村内稳住了集体企业效益下滑的局面,甚至实现了集体企业的活力重塑。在此基础上,战旗村通过多种手段实现多领域的创收。

那么,究竟是什么原因使战旗村的集体企业从经营不善,到现在年上缴税额超过400万元?又是什么原因使战旗村发展成为社会主义新农村经济建设的典型示范村?

战旗村两委同全村村民经过不懈努力,在实践中开出了三剂良方,不但解救了濒临破产的战旗村,也为广大农村地区不断推进农业现代化做出了示范。

(一)村民增收——集体企业整改

为改变村集体企业相继破产的现状,让企业能顺利生存发展下去,集体资产不再流失,2003年,村两委及时采取措施,与股东们签订股份转让合同,由村集体将个人股全部收购。至此,企业再次成为村集体的独资企业,并进行清产核资。财产清理后,把企业固定资产和无形资产通过招商的方式租赁给经营者,把流动资产出售给经营者,村集体收回资金超400万元。改制后每年村集体收入比过去增加10万余元,确保了集体资产的安全有效运行,为战旗村的发展奠定了基础。

1. 股份制改革前导

为给集体企业的加速下滑刹车,村两委组成了改制领导小组。改制领导小组深刻分析后,总结出虽然原来的战旗集体经济也采用的是股份合作制,但是由于股东分散,造成村民在集体企业管理和经营中话语权逐步丧失;此外,股东大会也长期由某些村干部掌控。这种恶性经营的状况持续多时,集体企业逐渐成为某些贪图村民利益的村干部的私家财产。因此,股份制改革在彼时必须深入推进。此次改革成立了改制领导小组,该小组为股份制改革的顺利进行制订了具体方案。

2. 建立集体企业整改机构

村民根据本村村内自治管理制度的相关章程，由村民代表组建集体资产管理委员会，对集体资产进行统筹管理。同时，集体资产出资人也根据村内自治章程通过资产出资人代表会议选举产生成都市集凤实业总公司董事会和监事会。集体资产管理委员会和集凤实业总公司分别从村内组织和经济实体的两方面监督、管理战旗村村集体资产。

3. 清产核资与合理规划

在村两委的带领下，聘请专业审计事务所对集体资产进行了全面而又深刻的摸底调查，并对登记在册的集体资产进行分类规划，村集体经营性资产和非经营性资产分类管理：经营性资产交由集凤实业打理；非经营性资产交由集体资产管理委员会管理。在规划资产的同时也摸清了战旗村村内人口状况：以现实情况和法律为依据，对各农户家庭成员以及享受配股人员资格进行调查认定。

4. 股份改造

战旗村为挽救滑坡的集体经济进行的股份改造，是按照《战旗股份制改造实施办法》实施的。该实施办法经由战旗村全村村民充分讨论后做出。最终要求对集体资产实现股份量化，即将属于村集体资产部分的40%—60%留给集体所有，把其他部分按当时的人口数（由村民会议确定）量化给村民个人。并由新股东会选举产生董事会、监事会，按照股份公司的运作机制进行运作。

典型材料5-1

盘活集体资产的成果——集凤实业总公司

1994年的"五企合一"（先锋一砖厂、先锋酿造厂、会富豆瓣厂、先锋面粉加工厂以及郫县复合肥厂）的股份合作制改革，使得集凤实业总公司得以建立。集凤实业在90年代因为股份合作改革实现了经济效益的增加，但是进入新千年后，因经营管理方面出现问题，致使企业经济效益逐年下降，企业资产不断流失。为改变这一状况，让企业能顺利生存发展下去，集体资产不再流失，2003年，村两委及时采取措施，与股东们签订股份转让合同，由村集体将个人股全部收购。至此，企业再次成为村集体的独资企业，通过清产核资，财产清理后，把企业的固定资产和无形资产租赁给经营者，把流动资产出售给经营者，村集体收回资金420余万元。

现在的成都市集凤实业总公司，是郫县唐昌镇战旗村村属企业，注册资金为428万元，下属企业有"先锋一砖厂""先锋酿造厂""会富豆瓣厂""战旗特种铸钢厂""郫县复合肥厂"五个企业。根据公司章程，公司全部资产为战旗村集体所有（出资人），战旗村集体经济组织以其所出资为限对公司承担责任，公司以其全部资产对公司的债务承担责任。

经公司登记机关核准，该企业经营范围是：主营豆瓣及调味品加工，机械加工、复合肥和家具制造、室内装修、面粉加工，兼营销售农副产品、五交化产品、百货、建材、汽油柴油、废旧金属收购。企业的主要产品"先锋牌"郫县豆瓣酱、"富友牌"郫县豆瓣酱、"望丛牌"复合肥，这些产品皆深受消费者的欢迎。2007年"先锋牌"商标，获得"四川省著名商标"。"先锋牌"郫县豆瓣酱、"富友牌"郫县豆瓣酱顺利通过QS认证。

企业已吸收当地农民务工420人，带动农户720户。截至2007年，成都市集凤实业总公司实现销售收入5860万元，实现税利320万元。

（二）各类专业合作社的发展

2006年1月23日《农业部关于印发〈农民专业合作经济组织

示范章程〉（试行）的通知》（农经发〔2006〕1号）出台后，郫县唐昌镇战旗村两委迅速响应中央及农业部关于"建设社会主义新农村"的号召，按照成都市市委提出的"三个集中"的要求，于2006年8月组建村级"农民专业合作经济组织"——战旗村农业股份合作社。

战旗村农业股份合作社是村两委在总结原有村集体经济发展经验和多方考察，初步确立了"村—企—农互动"的村集体经济的发展新模式后，决定采取引导村民在自愿有偿的原则下以土地承包经营权入股、村集体企业注入资金50万元的方式，组建农业股份合作社。合作社总股数为1145股（其中：村集体695股，农户450股），下设理事会和监事会，各由5名成员组成。

事实上，经过仅半年的经营。战旗村农业股份合作社有了显著的成效：2006年战旗村人均纯收入达到5424元。并在接下来的几年里保持了良好的持续、稳定的增长势头。

典型材料5-2

战旗村农业股份合作社建立的同时，便通过了《唐昌镇战旗村农业股份合作社章程》。章程中确定了战旗村农业股份合作社的立社宗旨，指出建立战旗村农业股份合作社的目的是通过土地流转实现土地的有效合理集中，让农户入股享受土地价值提升带来的红利。

唐昌镇战旗村农业股份合作社章程（节选）

第三条 本社宗旨：积极探索农村集体承包土地流转机制，促进土地资源的优化配置，提高土地使用价值和经济效益，保护农民长远利益，增加农民经济收入。

第五条 本合作社是以土地资源、资金入股经营，实行"民投资、民管理、民受益"原则的农民合作经济组织。

第七条 承认本章程，符合有关条件并按本章程规定，将拥有承包经营权的土地入股的村民以及资金的投入者均为本合作社的入社社员。

第八条 本合作社设置总股本1145股。其中：农户股450股，村集体695股，合作社股份采取股份证明书的形式，以人民币标明面值，每股720元。

第十七条 考虑到目前农民风险意识不强和农田收益水平等因素，为维护农民利益，调动农民股份合作的积极性，本合作社三年内实行保底分配办法，土地股每年每股优先保底分配720元。

第十六条 本合作社的收益主要来源于土地经营及租赁收入。

图 5-1 战旗村农业股份合作社

2008年，即农业股份合作社成立后的第三年，已有入社农户300余户。为了促进战旗村社会主义新农村建设，发展现代农业，按上级有关部门的要求，战旗村依法成立了现代农业合作社，并将一、二、三、四、八、九社农户的土地集中经营。

为确保村民的利益，战旗村农业股份合作社采取"农户入股保底，收入二次分成"的分配方式，有效地弥补了双层经营中"统"力的缺失，村民增收链条得以延伸。同时，这种分配方式也使村民可从合作社获得稳定的"三金"收入，即"800元+分红+务工收入"。[①] 村民的收入由以前的以种田收入为主，逐步向以工资性收入和经营性收入为主转变，实现了村民收入构成的多元化。

(三) "村—企—农"互动发展模式

在一篇基于成都市郫县战旗村的实证研究中[②]，将战旗村农业产业化经营体系划分为三个类型，即"公司+农户"型、"村—企"型和"村—企—农"型。这三种经营体系发展模式贯穿于郫县战旗村发展的历史。

20世纪90年代初，当时的村支书高玉春在重庆涪陵调研回乡后，向本村农民推介适合在本村种植的榨菜种子。为了让村民尝试种植榨菜，高玉春书记承诺通过村集体企业以市场价格收购产成的农作物。榨菜种植使战旗村村民传统的种植作物频率由原来的一年两季变为一年三季，而且由于榨菜种植收益较原来高，农民的日常劳作收入显著提高。收购回来的榨菜再通过村集体企业统一加工后统一售卖，并取得附加利润，集体经济也得到了十足的发展。在经过农民两年的栽种后，榨菜种植收入成为战旗村居民收入的主要来源，因此战旗村周边村落也纷纷效仿开始种植涪陵榨菜。这就是战旗村最早的"公司+农户"型发展模式，此模式在后来的几年里推广到了除榨菜以外的农作物。由于不同村户对于农作物种植的意愿和种植效率的不同，使村集体在统一收购农作物时面临着作物质量参差不齐的风险。

进入21世纪以来，为解决"公司+农户"发展模式的高风险问

---

① 关于"三金"收入，前文已有描述，此处不再重复。
② 《村级农业产业化经营体系的变迁路径分析——基于成都市郫县战旗村的实证研究》。

题，当时的村两委探索出了"村—企"型的发展模式。这一模式是战旗村第七届村两委通过对我国著名的农业富裕村"华西村""南街村"的考察，摸索出的一条新路，即通过每户划出并上交"三分"地，集中由村委统一开发种植。为解决村民所谓的"失地"担忧，战旗村两委与村民达成协议，规定村民以自愿的方式将对自家"三分"土地的承包经营权暂交给战旗村村两委，在年度种植获取收益后，这部分土地种植所获的收益先交付农业税后，多余的部分充实集体账户。相比"公司+农户"发展模式，村两委的加入，成为企业和村民沟通的中间纽带。一方面与企业斡旋商定种植作物，获取收益；另一方面又与村民合理沟通，对参与其中的农户统一领导。这既减少了村民因市场行情变化反悔的情况来稳定村集体企业进购原料，保证村内集体企业稳定发展；又极大地改变了"家庭联产责任制"实行以来带来的农业种植分散化的局面，通过农村土地集约种植，最大限度地提高生产效率，保证农业种植的质量。在"村—企"合作的发展过程中，合作企业的来源从限定于战旗村村内的集体企业发展到拥有合法资格的集体和个人企业。

目前，"公司+农户"型农业发展模式是我国农业产业化经营体系中最主要的一种（即订单农业），所占的比例位居第一，高达45%。[①] 相比这种模式，"村—企"型的农业发展模式已然相对进步。但前文已说明：成都市市委提出的"三个集中"概念要求战旗村村委对战旗村农业产业发展做出推进。因此战旗村村民适时提出"村—企—农"型农业互动发展模式。

图 5-2 中处在中间位置的"农业股份合作社"上文已提到，是由村民自主自愿组成的经济合作组织，设立目的是负责管理战旗村土地资产，其核心作用可以看作两方面：一方面实现农民土地流转入股；另一方面实现招商引资，与企业共同开发战旗村现有的土

---

① 高阔、甘筱青：《"公司+农户"体系：一个文献综述》，《经济问题探索》2012年第2期。

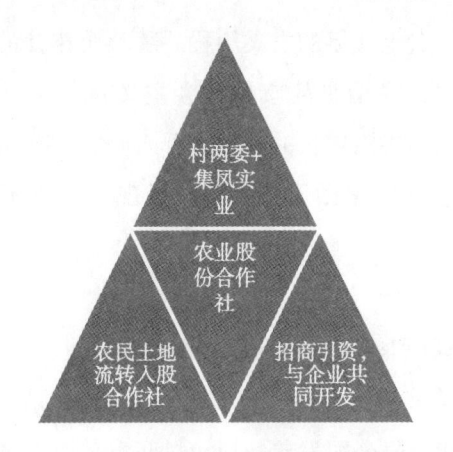

图 5-2 "村—企—农"型农业互动发展模式

地资源。农业股份合作社的成立，替代了"村—企"模式中村两委在农民和企业的中间作用，起到了农民与企业的沟通作用，分担了原来村两委的经济任务。与此同时，村两委由原来既负责"跑业务"搞经济、又负责"抓监督"促政治的局面，转变为只负责促进农业发展过程中的监督（对土地流转和招商引资的监督）和管理（对村集体除土地以外的资产的管理和其他民主、政治、环境等的管理）。这一举动实现了村社职能的分开，大大减轻了村两委的压力，让村两委集中精力解决更多村内事务。这种"村—企—农"型农业互动发展模式最大化了村民对自家土地的自治，目前战旗村土地流转率达到 99%，凡参与流转的农户均参与到"村—企—农"的互动体系中。

综上，战旗村以三剂良方选药，通过阶段性的努力，摆脱了集体经济面临全面破产的困境。绝处逢生的战旗村不仅找到了集体经济的出路，而且也找到了其自身发展的新的活力源泉——现代农业产业化。

二 蔬菜合作社与现代农业产业园

今天的郫县唐昌镇战旗村已摆脱了当年面临的村集体经济破产

的窘境。回顾过去十几年的发展历程。蔬菜合作社的成立和现代农业产业园的建立,可谓是战旗村社会主义新农村建设中的两大亮点。接下来,我们将用较长的篇幅来深入研究和探讨战旗村蔬菜合作社到底为农业现代化做了什么,以及现代产业园的过去现在和将来。

(一) 合作社引领产业园区的发展道路

2007年,为实现土地经营规模化,由战旗村蔬菜种植大户6户和成都榕珍菌业有限公司发起,战旗村两委采取引导农民以土地承包经营权入股、村集体注入资金的方式,组建了战旗村金针菇专业合作社,后在注册时更名为战旗蔬菜专业合作社。专业合作社按照依法、自愿、有偿的原则,跨村推进土地向规模经营集中,并建立了现代农业产业园。产业园基地现有核心区种植面积1000余亩。辐射带动周边金星村、火花村、横山村,种植面积达到10000余亩。

2009年8月26日,为贯彻落实郫县县委、县政府关于推进农用地向规模经营集中,促进农业产业化快速发展的意见。为了充分发挥土地价值,合理、规范、有效地利用土地资源,促进农业产业快速发展,增加农民的经济收入,提高农民的生活水平,战旗村村民在原有郫县战旗村金针菇合作社的基础上进行变革改组,组成"郫县战旗蔬菜合作社"。

战旗蔬菜专业合作社是建立在原有战旗村农业股份合作社的宗旨上的,其目的是实现战旗村土地资源的集中利用,提升土地使用价值和经济效益。相比战旗村农业股份合作社的功能,战旗蔬菜合作社的功能更加丰富:以高端设施蔬菜的种植、销售、农业新技术推广、咨询服务为主要业务的新型服务产品,积极将农业发展新技术推广,旨在通过战旗蔬菜合作社专业化的发展实现。

在此基础上,战旗村两委同战旗蔬菜合作社意在整合战旗村现有农业资源；另外在全村土地集中到此规模后，战旗村两委采取自主开发、对外招商等方式，整体打造1500亩的现代农业产业园，为战旗村已有农业加工企业和韩四季、丹丹调味品、鹃城豆瓣等农业龙头企业提供原料生产，实现全村土地的规模化、集约化经营。

截至2010年12月，郫县蔬菜合作社共有农户495户，社员1551人，集中土地1820余亩。其中，流转给种植大户土地1420亩，合作社直接经营土地320亩。2010年合作社投入固定资产149.8万元，实现营业收入147.18万元，每亩月平均收入4597元。2010年，合作社流转土地1420余亩，租金收入187万元。

为深入贯彻落实科学发展观，战旗村两委按照市委提出的建设"世界现代田园城市"和县委"一城两带三基地"战略部署的总体要求，通过设施农业的建设，全面提升镇域农业产业化水平，促进农业科技进步和结构升级，示范推广农业新、奇、特品种，提升唐昌乃至郫县农业的知名度，带动周边农民增收。力争把战旗村建设成为统筹城乡发展、新农村建设示范、农业观光旅游、现代设施农业建设和科普教育基地五位一体的核心示范区。

典型材料5-3

什么是"一城两带三基地"

郫县按照成都市委工作会议的要求，围绕建设"世界现代田园城市"战略目标，增强干部队伍的学习能力，立足郫县发展实际，强化工作执行力，在推进中完善，在完善中推进。因此，提出了"一城两带三基地"发展战略。

"一城"：就是按照"全域成都"理念，高标准规划设计和建设成都西部新城；"两带"：就是打造沙西线、IT大道两条统筹城乡综合示范带；"三基地"：一是打造新型工业基地；二是打造文化休闲基地；三是打造川菜产业基地，生态文化科教休闲进入郫县的全部领域，让产业支撑更有力，使郫县的城乡变得更有味道。

所以，郫县唐昌镇战旗村构建了以战旗村蔬菜专业合作社为重的现代农业产业园的发展战略。该战略旨在在现有的蔬菜专业合作社的基础上，以创意农业、观光农业、科普农业为载体，发展特色时令蔬菜，打造成都西部最具市场潜力的现代农业产业园，以实现依托专合组织，建立产业链条衔接，即"大园区+专合组织+小业主"具有市场竞争力和充满活力，群众收入持续增长的现代农业园区的战略发展目标。

根据这一发展目标，专业合作社坚持基地建设与新农村建设相结合，建立公司与农户利益共享、风险共担、共同发展、共同增收的运行机制。通过上述的"大园区+专合组织+小业主"（即通过公司企业+基地+专业合作社+农民协同合作）的新型产业模式，实现市县链条化、扁平式管理和一条龙的经营目标，实行基地建设"五统一"（即统一用种、统一用肥、统一用药、统一收购价格、统一收购标准原则）。

仅以制作泡菜的蔬菜为例：通过蔬菜专业合作社，制作泡菜的上游企业向产业园区派发订单；产业园区同蔬菜专业合作社共同对所需的蔬菜原料萝卜、榨菜、儿菜、棒菜等进行统一种植；最终供给安德川菜原辅料基地金大洲食品有限责任公司、京韩四季有限责任公司、成都长林食品有限责任公司等。

(二) 现代产业园区是如何建成的

现如今战旗高端蔬菜产业园建设成果已得到县委县政府的高度认同，并得到有关部门的大力支持。加上沙西线通车后，战旗村现代农业产业园的交通优势凸显。目前战旗村现代农业产业园已结合唐昌镇的一个60亩蔬菜批发市场，将园区的蔬菜远销广州、重庆、甘肃等全国各地。

战旗村所在的唐昌镇已有多年种植蔬菜的历史，加上通过与四川省农科院联手获得技术支撑，由唐昌镇政府技术干部和农发局产业推进办协助战旗村蔬菜合作社进行运作，战旗村在3年内分两期共发展1000亩设施农业。

第一期建设面积为200亩。全部以钢架大棚为主。分为蔬菜育苗中心、蔬菜精品展示中心、蔬菜新技术推广区三个区：

第一区：蔬菜育苗中心，规划面积15亩。现已基本完成基础建设，即将投入使用，以培育各种时令蔬菜优质品种幼苗为主。培育出的种苗满足战旗现代农业产业园以及周边金星村、火花村、横山村等村5000亩蔬菜基地的种苗用量。

第二区：蔬菜精品展示区，规划面积为30亩，以新、奇、特、精蔬菜品种为主，发展观光旅游，并作为科普教育示范基地。

第三区：蔬菜新技术推广区，规划面积155亩，以生产反季节蔬菜、无公害蔬菜为主。实施标准化生产技术，提高设施产品品质和商品率。

除此之外，一期建设还包括引进澳洲无土栽培技术，并试种10亩。截至目前，无土栽培技术试验效果良好。

典型材料5-4

无土栽培技术

按照沙西线（省级）新农村示范片推进工作的部署和要求，突出以蔬菜产业为重点，郫县唐昌镇战旗蔬菜专业合作社经有关部门牵头引导下，与成都澳博农业科技有限公司合作，引进澳洲博赛尔无土栽培技术。该技术是将植物生长所需的营养元素溶解在水里，让植物充分吸收，促进植物生长，进而获取更大的产量。使土地的利用率得到大幅度提高，并能克服土地轮作的问题，节水节肥，农产品的品质和产量得到大幅提升，可生产出无公害产品，种植和收获可以更为舒适地完成，省去了繁重的体力劳动，改变了传统农业靠天吃饭的局限性，使农业向规模化、产业化、工厂化转变。

第二期建设是在第一期钢架大棚规划的基础上，带动周边800亩的蔬菜竹木简易大棚生产。大力实施科技入户工程标准化生产，大力发展绿色无公害有机蔬菜和菌类。仅以成都榕珍菌业有限公司为例，截至2010年，该公司就已获得10项有机菌的食品认证，大大提高了商品的附加值。在搞好高端设施蔬菜产业的同时，战旗村还加强园区基础设施和配套设施建设。目前，战旗村农业园也完善了园区道路3000米和耕作道路3000米，砌护园区内沟渠，完成标准化渠系4000米。并建立信息网络，拓宽销售渠道，在园区内外建立信息点，进行网上远程技术服务，做好技术指导。

典型材料5-5

蔬菜专业合作社与农业现代化的发展

针对蔬菜合作社的特点，通过"走出去，请进来"的办法。蔬菜合作社先后组织社内主要负责的同志到温江、崇州、彭州、都江堰及本县的先进合作社和尚作农业公司进行学习，将战旗村内的先进技术和服务推广出去，并引进其地区先进合作社和农业公司的先进生产技术。

同时战旗村利用县上文化大院农业专家的联系平台，在县农发局的指导下，与农业专家合作，把专家请到合作社的生产第一线进行现场指导。在这种"院县合作"项目的促进下，战旗村已经实现了诸多新作物的"开花结果"

2011年，四川省农科院园艺所专家组到郫县唐昌镇战旗村。专家组对与战旗村的合作历史进行了简单的总结,并在现有的合作基础上推荐了几个新品种。县农发局副局长王鸿肯定了"院县合作"项目已取得的成效,并针对下阶段工作提出了三点建议:一是由省农科院和县农发局共同组建一个专家团队来指导合作社工作,重点解决病虫害问题和如何降低自然灾害带来的损失。二是在"院县合作"生产基地对全县的种植大户开展新品种、新技术培训,要带动整个郫县的蔬菜产业的提档升级。三是以合作社为主体,提出合作社的生产计划,省农科院专家提供新品种、新技术。最后专家组一行还查看了新增加的20多亩示范田。

通过这一系列的努力,特别针对蔬菜从生产到销售终端主要利润集中在终端环节的这一特点,通过有机蔬菜基地的认证申报和规模化的有机转换的具体实施,初步开始和尚作农业、农凤集团和大行集团探索合作社要从终端求利润的办法,与尚作农业及大行集团已达成初步合作协议,为村集体经济和村民增收从农业上探索了新的路子。

合作社每年会根据当年市场状况和节气时令作具体的种植计划(表5-1是战旗蔬菜专业合作社2010年的具体种植计划经营状况)。2010年合作社生产的主要蔬菜品种有翡翠冬瓜,石头番茄、苦瓜、莴笋、辣椒、茄子、黄瓜、莲花白等十多个品种。当年计实现销售收入147万元,连同其他土地流转租金180余万元,总收入340余万元。扣除生产成本和农户保底收益,当年农户二次分红为每亩400元。

表5-1 战旗蔬菜专业合作社2010年具体种植计划经营情况

品种	亩数	预计产量(斤/亩)	成本(元/斤)	预计收入(元/亩)	预计利润(元)	备注
翡翠冬瓜	100	10000	0.35	5000	150000	夏秋菜、泰国

续表

品种	亩数	预计产量（斤/亩）	成本（元/斤）	预计收入（元/亩）	预计利润（元）	备注
石头番茄	20	10000	0.40	7000	60000	春菜、以色列
碧秀苦瓜	50	1000	0.50	8000	150000	夏秋菜、台湾
莴笋	30	5000	0.20	2500	45000	春菜、套种
甜玉米	30	2000	0.40	1400	18000	春菜
辣椒	30	4000	0.50	40000	60000	夏秋菜、韩国
茄子	10	10000	0.35	5000	15000	夏秋菜
黄瓜	10	10000	0.35	6000	25000	春菜
莲花白	90	10000	0.13	2000	63000	春菜
韩国萝卜	30	8000	0.15	1600	12000	春菜、韩国
榨菜	370	2000	0.40	1800	370000	冬菜

资料来源：战旗村村委会提供的资料。

（三）现代农业产业园基础上的旅游业

战旗村地处郫县唯一浅丘台地横山山麓，内江干渠上游，是成都"上风上水"处，无工业污染。气候属中亚热带季风性湿润气候，平均气温15℃，全年风向以东南风最多，并且具有春早夏长、秋雨、冬暖、无霜期长，雨量充沛，冬季多雾，日照偏少和四季分明的特色。战旗村的地理位置和气候条件不仅适合农业生产，还非常适宜发展旅游观光业。

作为四川省新农村建设试点示范村和成都市社会主义新农村文化建设试点村。2009年4月战旗村全面完成了新型社区建设，当地农民全部搬入了新型社区集中居住。新型社区的成功建设很大程度上提高了战旗村的整体风貌，风景宜人的乡村风光让人流连忘返。

战旗村两委根据现有的现代农业产业园和自身新社区建设的基础，按照成都市打造"世界田园城市"的规划构想，整合了战旗文化大院、榕珍菌业产业园、创意农业观光园、新型社区、农副产品加工区等观光旅游资源，将第一产业的发展成果塑造成为第三产业发展的资源，实现第一产业和第三产业的联动融合，大大地促进了战旗村产业档次的提升。

战旗村与四川大宏业集团公司和北京东昇农业技术开发公司共同合作开发建设的"第五季·战旗田园村"正式竣工后，战旗村又引入新的旅游概念，即国家AAAA级乡村旅游景区——战旗·5季花田景区。景区以薰衣草为主题，借助沙西线的地理优势吸引来自全国各地的旅游爱好者观光游览。此外，景区周边已建成超市、停车场等配套的服务项目，让旅客游玩得更加舒心。

典型材料5-6

战旗·第5季妈妈农庄

战旗·第5季妈妈农庄由四川大行宏业集团公司与北京东昇农业技术开发公司合作，以战旗村确权后的集体建设用地作价入股，建成的"一三"产业互动项目。占地600多亩，其中乡村酒店占地20多亩、面积3万平方米，薰衣草花田、太空果蔬观光大棚和妈妈农庄绿色蔬菜占地600亩。2010年下半年动工，2011年5月正式开园。项目总投资2亿元。具有农业观光、会议培训、高端婚庆、旅游度假和运动休闲等五项服务功能。在战旗村新农村综合体建设中，第5季妈妈农庄正在打造"一三联动"、以旅助农的新型乡村旅游综合体。

妈妈农庄引进和借鉴日本现代主题农园高效、集约、先进的土地利用和管理模式，引进日本农作物品种和标准化生产管理体系，打造具有日本田园风尚的创意观光农园。农庄以500亩有机作物进行试验，成功后逐步扩大至整个战旗村。这种结合现代农业和商务旅游的做法，不仅绿色环保，也可以提高农民收入，两全其美。

妈妈农庄是国家AAAA级乡村旅游景区——战旗·5季花田景区的核心景点，位于全国文明村郫县唐昌镇战旗村，一期占地1000亩。战旗景区地处成都交通干线蜀源大道（沙西线）中段，距千年古镇唐昌镇3公里，前距水乡三道堰、后距都江堰、青城山也不过十多分钟车程，这里可以远眺青城山、近邻三道堰，是沙西旅游线上的关节处。

"以旅助农、一三联动"的新模式，促进了乡村旅游提档升级、转型发展，拉长了乡村旅游产业链，企业、村集体、村民成为发展增收的赢家。目前，第五季妈妈农庄各项服务配套设施已全部完善，日接待能力超过5000人次，乡村酒店可同时容纳1600人就餐，1300人开会，300人住宿。战旗村集体建设用地"作价入股"将增收100余万元，今年集体收入预计超过400万元，年底将为村民派发集体经济股份制改革"红利"，村民变为了股民，增加了财产性收入。

妈妈农庄以花田新村、生态田园、美味果蔬为主题，以薰衣草花田为核心吸引物。是首次四川大规模引种薰衣草。近600亩的薰衣草、马鞭草温馨绽放，被誉为成都的"小普罗旺斯"。

可容纳1600人就餐、1000余人开会和300人住宿，被四川省婚庆行业协会授予"婚庆文化基地"。景区拥有独特的生态本底和浪漫的乡村气息，日渐形成婚纱摄影、婚庆典礼、商务培训、骑游观光等旅游服务功能，是低碳出行、浪漫邂逅和拥抱田园生活的休闲度假基地。

旅游休闲业成为了战旗村主导产业，仅第五季妈妈农庄就吸纳300多名村民就近就业，从村民变为服务业从业人员，乡村旅游带动战旗村及周边近百人从事特色餐饮、旅游小商品销售，村民李玉华自住房一楼出租给婚纱摄影公司，仅此一项年增收2万元，居民致富增收实现了多元化。

是四川第一家引进并成功种植的薰衣草基地。2011年5月20日，在第5季妈妈农庄举办了首届薰衣草文化旅游节，短短一个月时间，吸引了来自成都市及周边市地州的游客 30 多万人次，人数最多的一天达到 5 万多人，是郫县继农科村之后的第二个最火爆的乡村旅游景区。

"婚庆广场"系战旗·第 5 季妈妈农庄的核心景点之一，以薰衣草、马鞭草、玫瑰组成浪漫景观，点缀具有西式风情的风车，受到时尚族群的青睐。人们一直将薰衣草视为纯洁、清净、保护、感恩与和平的象征，婚庆广场也寓意"等待爱情"，被四川省婚庆协会授予婚庆文化基地。

作为成都市最浪漫的婚纱摄影地之一，在薰衣草花期盛开的季节，每天都有数十对新人在这里留下最浪漫、最幸福的记忆。

三 新时期的产业发展规划战略

战旗村作为成都市统筹城乡综合改革试点村、精神文明建设试点村和新农村建设示范村，在新的历史时期，结合成都市建设"世界现代田园城市"的历史定位和郫县打造"一城两带三基地"的战略部署，紧紧围绕郫县第十三届党代会精神和唐昌镇第十三届党代会精神，深入总结过去存在的不足，进一步明确新时期战旗村三大奋斗目标。

（一）完善产业规划，构筑宏伟蓝图

战旗村处于气候宜人、风景优美的沙西线公路国际乡村旅游示范带，具有发展旅游服务业的天然优势。近几十年的战旗村民的辛勤耕耘，已经将战旗村打造成为拥有秀丽良田的美丽乡村。战旗村两委根据村现有的地理区位优势并结合县、镇产业规划，在上级政府的牵头下，从产业布局、功能配套、生态环境保护等方面重新编制以战旗村为中心，辐射周边村庄的一、二、三产业相融联动发展

的产业规划，形成比较完善的规划体系，构筑产业发展蓝图。

典型材料 5-7

沙西线

  沙西线，位于四川省成都市，是沙湾路西延伸段的总称。在成都市中心城区西北，起于沙湾路和二环路交汇的路口，到达郫县唐昌镇后，南北各有两条大道继续向西延伸，至都江堰市离堆公园（都江堰景区）为止，经成都市金牛区、郫县、都江堰市共三个区（市、县）。郫县唐昌镇战旗村恰好就在沙西线所延伸的地域内。并拥有丰富的农业生产资源。

（二）优化产业发展，构建产业支撑

1. 第一产业（农业）方面

  一要合理利用"产改"成果，有效探索土地规模化集中经营新模式。战旗村目前通过设立战旗村蔬菜合作社实现了蔬菜种植的设施化和工业化，现已具备蔬菜育苗和种植的基本条件。"中国川菜产业园"这一概念的提出，实际上既给战旗村带来机遇，也带来了不小的挑战。"战旗村现有的种植规模是否适合接纳来自川菜产业园的订单？"诸如此类的问题都要求战旗村要做实、做强、做大与川菜产业园区配套的川菜原辅材料生产的蔬菜基地建设，以发展川菜原辅材料生产。

  二要创新合作社的运营模式，使战旗村蔬菜合作社由生产型转为服务型。战旗村蔬菜合作社引进的设施农业技术和农业新品种，极大地提高了农业生产效率，促进农民收入水平的提高。但是这样的产值增长依旧有限，如何使战旗村的农业资源得到有效利用？战旗村蔬菜专业合作社通过做服务、做销售、做平台、做品牌，有效地发挥其在现代农业中的纽带作用。引进了涉农企业如成都大行集团公司与合作社的合作经营模式，最大效益地促进企业、合作社和农业的整体发展。并以此为经验，实现这种服务模式在全村和周边村落的推广，实现产业增值。

典型材料5-8

战旗村与中国川菜产业园

  中国川菜产业化功能区位于郫县西部，是按照建设世界现代田园城市和统筹城乡综合配套改革示范区的要求，积极顺应工业化、城镇化、农业现代化相互依存、相互促进的内在规律，以中国川菜产业化食品加工基地为核心，以统筹实施"三个集中"、促进"三化联动"发展为根本方法，规划建设的县域经济重要产业功能板块。川菜产业化功能区也是市上确立的郫县四个县管功能区之一，辖安德、唐元、唐昌、新民场四个镇，幅员128.55平方公里，人口13.6万人，46个村，8个居委会，219个社。国道317线、成灌高速、城际快铁和沙西线纵贯川菜功能区，和温郫彭快速通道构成了以"四纵一横"为重点的交通枢纽网络体系，属大成都半小时经济圈。这个区域自然条件和生态环境优越，基础设施和功能配套完善，川菜产业园区、配套种植基地、农村新型社区和日新月异的小城镇构成了具有较强产业支撑、体现"田园之美"的新型城乡形态。

  战旗村蔬菜专业合作社20亩的蔬菜工厂化育苗中心从2009年底投入营运，2011年秋季就培育各种蔬菜种苗320万株。凭借着中国川菜产业园内强大的物流，战旗村所育的种苗除本村使用外，还满足了周边安德、新民场和邻近的彭州市蔬菜种植大户的需求，实现了预期收益。

2. 第二产业（工业方面）

首先，对村域内的现有集体企业：郫县先锋酿造厂、郫县会富豆瓣厂、郫县先锋砖厂、郫县复合肥厂、战旗预制厂5家集体企业和5家民营企业：郫县润源铸造有限公司、郫县家常酿造厂、郫县满江红调味品有限公司、郫县高乐印务有限公司、郫县根建酿造厂，进行梳理。对符合村域规划要求的企业，进行巩固发展，并积极为企业做好服务工作。其次，对现有农产品加工企业，积极引导企业进行技术装备、管理、品牌等方面创新和提档升级，积极探索与观光旅游农业相合的新型运营模式，优化企业经营模式。最后，对高耗能、高污染企业，引导企业进行技改节能减排，对达不到要求的企业进行并、转、关、停。

3. 第三产业（服务业）

以成都大行宏业集团、战旗田园村第五季项目的实施为契机，继续引进其他休闲观光农业项目，并辐射周边村庄，发展休闲观光旅游农业。目前战旗村村两委开始启动中国农业公园项目，争取完成战旗村参与中国农业公园的选拔筹备和招商选资工作。

典型材料 5-9

战旗村与中国农业公园

为建设美丽、低碳、环保的社会主义新农村，根据农业现代化和农业服务业、旅游业深化发展的有关要求，中国村社发展促进会拟计划用5—8年的时间打造出100个"中国农业公园"。

"中国农业公园"合作创建，由中国村社发展促进会特色村工作委员会与亚太环境保护协会、世界文化地理研究院、亚太农村社区发展促进会等发起。

"中国农业公园"是利用农村广阔的田野，以绿色村庄为基础，融入低碳环保循环可持续的发展理念，将农作物种植与农耕文化相结合的一种生态休闲和乡土文化旅游模式。农业部已于2008年制定了农业公园的相关标准，中国村社发展促进会、亚太环境保护协会等5家单位根据该标准联合制定了《中国农业公园创建指标体系》。该体系包括乡村风景美丽、农耕文化浓郁、民俗风情独特、历史遗产传承等十一大评价指数。

战旗村地处横山脚下，风景秀美，拥有较多的历史文化资源。战旗村近年来现代农业产业化发展成果世人有目共睹，而且谋求更好更快发展的战旗村已经通过"第五季·战旗田园村"实现了独特的乡土文化旅游模式。参与中国农业公园项目的筹备，一方面能够使战旗村自身现代化农业与乡土旅游业水平实现跨越式发展，另一方面也是能够使战旗村的发展成果让更多人关注到，让战旗村的发展新模式与时代共享。

除了传统旅游业的引入和发展外，战旗村还积极开拓农业创意带动服务业的发展。2010年，首届西部中国创意农村财富论坛组委会授予了郫县唐昌镇战旗村全国第一个创意农村优美家园试验区——战旗村创意农村优美家园试验区、全国第一个创意农家乡村别墅体验中心——战旗村创意农家乡村别墅体验中心，中共四川省委农工委领导为战旗村授牌。

（三）严格产业项目管理，促进产业健康有序发展

产业项目的发展给战旗村及战旗村村民带来了看得见的好处，但战旗村内各产业项目仍旧需要来自战旗村两委的管理。避免出现不合格的项目在村内的滋生繁衍，最终不光会使村民利益受损，也会损害战旗村全村产业发展的声誉。所以必须防微杜渐，严格把控，系统实施产业规划，并对园区内产业项目统筹管理，由村组织统一对企业安全生产、环境卫生保护和产品质量控制等方面进行监督管理和其他相关配套服务，强力打造园区产业品牌。

四　村民收入与就业情况

2012年，国情调研课题组深入战旗村，抽取战旗村41家农户进行走访调查。并对这41户共193名村民发放了问卷。本部分将根据战旗村两委提供的基本数据以及问卷调查所反映的内容，进一步介绍和探讨战旗村村民就业以及收入的基本情况。[①]

（一）现有劳动力基本情况

风景秀丽、欣欣向荣的战旗村2011年有农户529家，人口总数1712人。其中劳动力人口总数1240人。

如图5-3所示，其中女性劳动力共有550人，占比44%；男性劳动力共有690人，占比56%。男性较女性劳动力高出12个百分点。

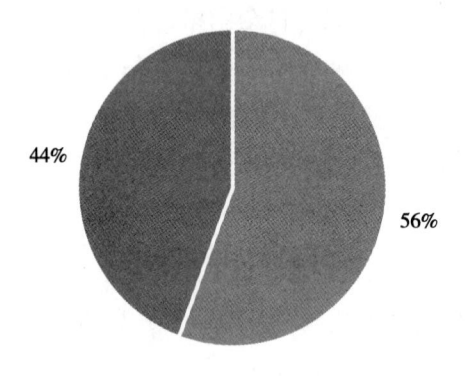

图5-3　战旗村现有男女劳动力对比

（二）劳动力就业情况

1. 农业产业就业情况

从调查结果来看，受访者中只有5位目前在本村从事农业生

---

① 本章涉及的数据资料均来自2012年的问卷调查。

产，共占比 2.6%，属于被调查者中较小的一部分。并且这一部分劳动力在本村从事的农业项目都是农作物种植业。

在此次调查中，有 4 例受访者表示在过去一年内从事过或正在从事农业行业，占比 2.1%。而且他们 4 位分别在村外从事了渔业、畜牧业、农作物种植业以及农林牧副渔引申的相关农业生产工作。

2. 非农业产业就业情况

在调查中，有 73 位受访者表示过去一年从事或从事过非农行业的工作。如图 5-4 所示，其中从事居民服务业占比 27%，人数最多；住宿餐饮业、制造业、其他行业各占 12%；交通运输、仓储和邮政业占比 7%；建筑业占比 3%；批发零售业占比 10%；电力、燃气、水生产及供应业占比不及 1%；除了居民服务业等的其他服务业从业人员占比为 16%。从图 5-4 可以看出参与非农行业工作的受访者中，服务业从业者居多，占比超过 70%。

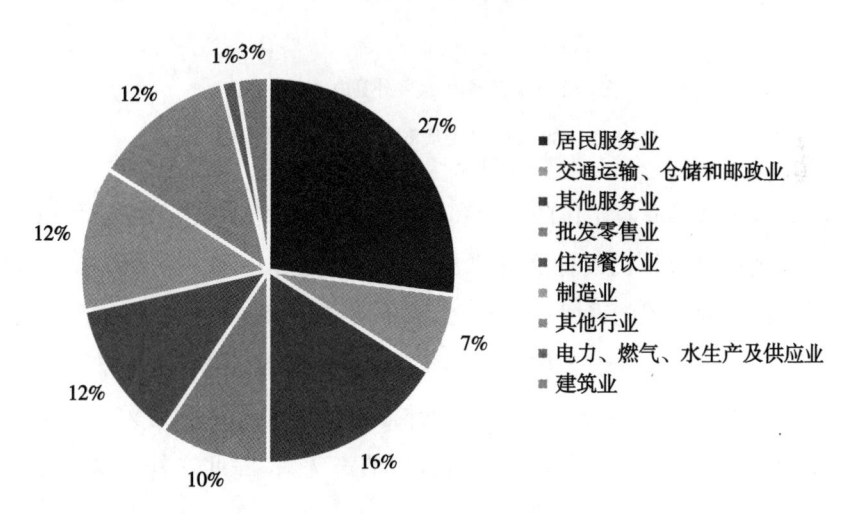

图 5-4　战旗村村民从事非农业行业去向

在问卷中，我们也可以看到参与非农业行业工作的村民在哪里从事非农业工作。如图 5-5 所示，选择在本村工作的居多，约占总人数的 72%；在本村外工作的共占 28%：在这之中，在村外乡内工作的占 4%，在乡外县内工作的占 8%，在县外省内工作的共占

16%。在我们的调查中，未见到出省工作的村民。从战旗村村民从事非农工作位置分布的研究结果来看，战旗村村民对留在家附近工作有较强的意愿。这也从侧面反映出战旗村能够提供数量不少的非农工作岗位，其背后的含义是战旗村村集体经济的蓬勃发展以及第一、第三产业互动带来的以现代农村服务业为核心的非农业行业的兴盛繁荣。

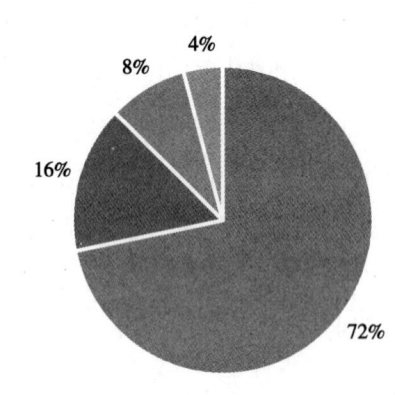

图 5-5 战旗村村民从事非农工作位置分布

除了从事非农工作的行业和位置情况，在我们的调查中还可以观察到战旗村村民以什么方式参与到非农工作中的（见图 5-6）。其中以长期雇工的形式参与非农工作的最多，高达 49%；其次是以打零工形式从事非农工作的占 21%；而以自营形式选择进入非农行业的占 18%，这表明了将近两成的村民拥有创业意愿和意识，并乐意为之付诸实践；具有公职人员身份的占 7%；除此之外，以其他方式参与非农行业工作的占 7%。

（三）劳动力村内外非农转移情况

因战旗村农业产业化经营取得巨大成效，第二、第三产业迅猛发展，战旗村村民以及周边村落的富余劳动力需寻找新的工作机会。下面我们介绍和探讨战旗村村内以及村外富余劳动力转移的基

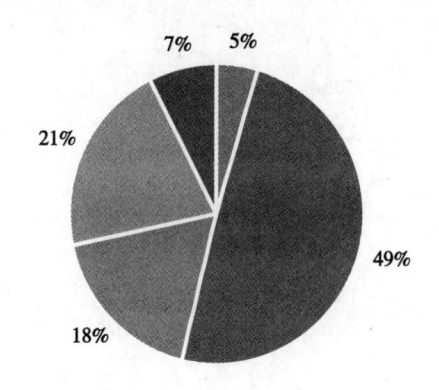

图 5-6 战旗村村民参与非农工作的方式

本情况。

1. 战旗村村内劳动力转移方向

根据战旗村两委提供的《战旗村农村富余劳动力本村务工》的现有数据来看，战旗村内部有已就业的富余劳动力共 583 人，这些富余劳动力参与就业的方向也是多种多样。从图 5-7 我们可以看出，战旗村村内富余劳动力的主要去向是从事第二产业，大约占 76%；去往第一产业的约占 20%；从事公益性质职业的约占 2%；自主创业和从事第三产业的富余劳动力均不足 1%，占总富余劳动力的极小部分。

在战旗村本村的这些富余劳动力中，选择第一产业就业的都去了榕珍菌业，可见榕珍菌业在战旗村内解决就业的能力非同一般。而在本村的富余劳动力中，有且仅有一名劳动者进入郫县公交公司参加了第三产业的工作。

在占就业方向大部分的第二产业中，富余劳动力的流向也各不相同（见图 5-8）。

从图 5-8 可直观地看到，先锋酿造厂吸纳富余劳动力能力最强，为 108 人，其次是先锋砖厂 99 人；富友酿造厂、高乐印务、家常调味品厂、润源铸造厂、郫县复合肥厂、战旗预制厂、蜀都包

180 城乡一体化之路有多远

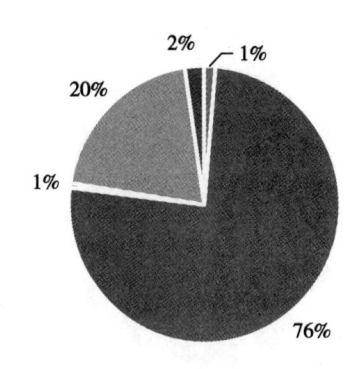

图 5-7 战旗村村内富余劳动力就业方向

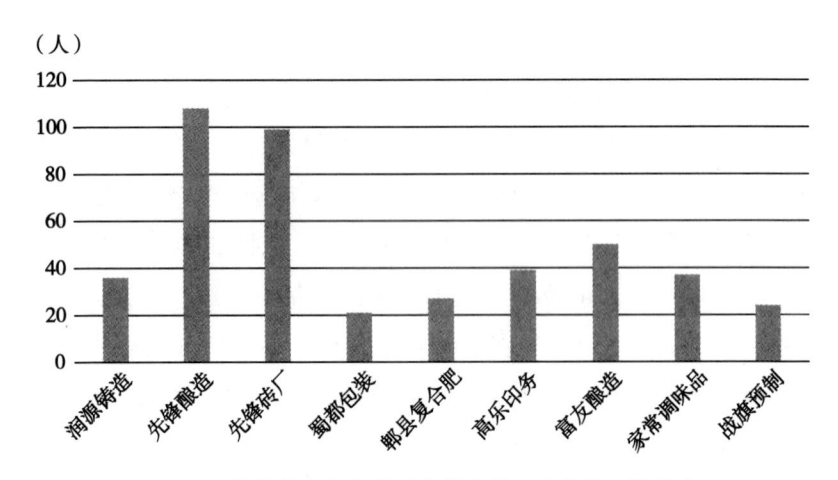

图 5-8 战旗村内富余劳动力从事第二产业情况的分布

装厂依次吸纳劳动力 50 人、39 人、37 人、36 人、27 人、24 人、21 人。在上述公司中，除了先锋砖厂地处唐昌镇，剩下的均地处战旗村村域内，所以说战旗村内第二产业企业吸纳富余劳动力占本村富余劳动力参与第二产业人数的 83%。

2. 战旗村村外劳动力转移方向

在战旗村两委提供的另一份数据《（外村）战旗村农村富余劳动力》中，我们了解到战旗村现有来自外村或外地的富余劳动力共

188人，与本村富余劳动力不同的是，外来富余劳动力在战旗村主要从事的集中在第一产业和第二产业：其中第一产业占比13%；从事第二产业的占87%；同时，外来富余劳动力并没有同本村富余劳动力一样在战旗村参与第三产业的工作，或者自主创业经营生产，或是担任公职（见图5-9）。

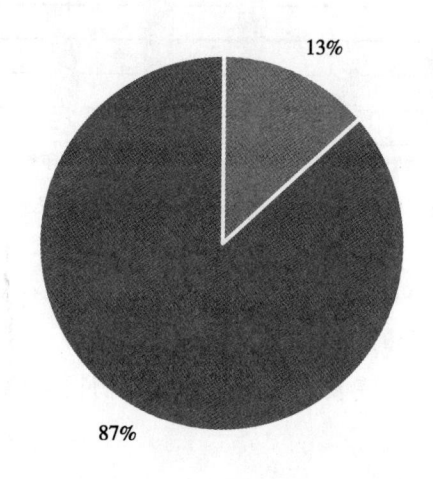

图5-9 战旗村外来富余劳动力就业转移方向

与村内富余劳动力就业情况相近的是，榕珍菌业吸纳了外来富余劳动力参与到第一产业的全部人员；此外，在战旗村的第二产业中，外来富余劳动力的流向亦不相同（见图5-10）。

可以看出，先锋酿造厂依旧是吸纳劳动力的大户，共吸收外来务工的富余劳动力共45人；除此之外蜀都包装厂、郫县复合肥厂、润源铸造厂、家常调味料厂、高乐印务、战旗预制厂以及富友酿造厂分别吸纳外来务工人员19人、17人、11人、22人、16人、16人、16人。同样，除了先锋砖厂地处唐昌镇，剩下的均地处战旗村。

（四）农户收入水平和收入结构

通过对战旗村的41户调查后，我们得到了39例有效的农户家

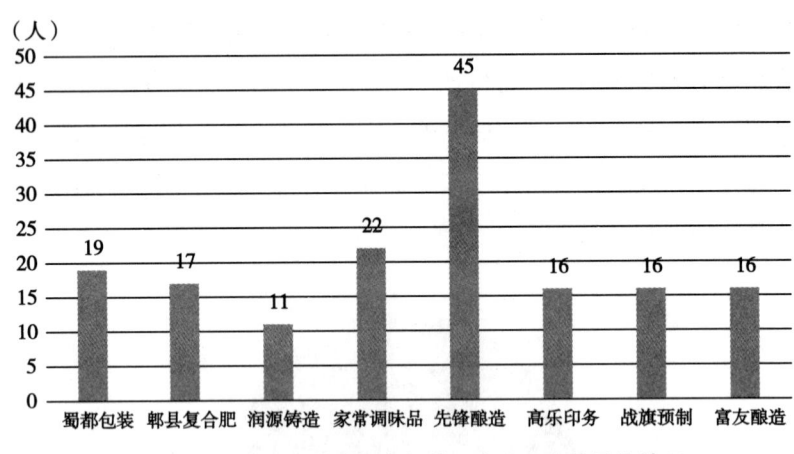

图 5-10　外村富余劳动力参与第二产业企业的具体情况

庭收入情况，并依次进行了分析。

1. 战旗村村户的收入水平

通过对 39 户家庭收入情况分析，我们得到以下数据（见表 5-2）。

表 5-2　　　　　所得 39 户农户收入水平　　　　　单位：元

众数	中位数	平均数	最大值	最小值
30000	40600	49123	120000	5000

由此我们得知，战旗村这 39 户家庭，以年收入 30000 元的居多，平均收入在 49123 元；若年收入达到 40600 元，则达到 39 户家庭的收入水平的中等位置；此外，在这些家庭中最高收入为每年 120000 元，最低收入为每年 5000 元，收入差距较大。

在我们统计问卷后，将战旗村村户年收入划分为 9 档，即从不超过 10000 元每年，再到每年收入 20001—30000 元，依次增加到每年收入超过 90000 元。据此我们绘制了战旗村村户年收入情况分布图（见图 5-11），从图中我们不难看出：年收入在 30001—40000 元的家庭最多，占比 20.51%，其次为年收入在 20001—30000 元，占比为 17.95%，年收入 60001—70000 元占比 15.38%，其余各个收入水平占比均未超过15%。

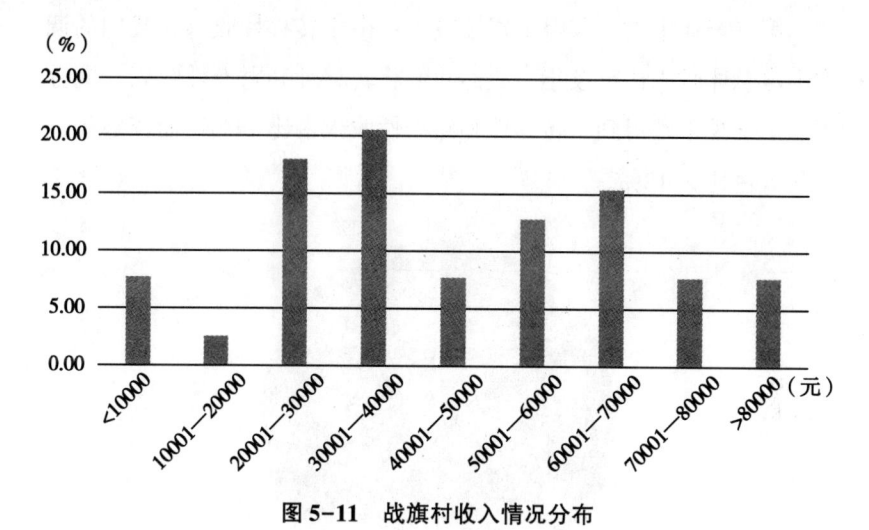

图 5-11 战旗村收入情况分布

2. 战旗村村户的收入结构

我们分析农户的收入结构时，往往会从四个部分来分析：家庭经营性收入、工资性收入、转移性和财产性收入。

农民家庭经营性收入主要包括经营种植业、畜牧业等第一产业获得的收入，从经营制造业等第二产业获得的收入，以及从经营第三产业获得的收入；工资性收入，指的是农户家庭成员从行政事业单位、其他非企业组织、本地乡镇企业和外出打工得到的收入；财产性收入，包含家庭获得的利息、股息、红利、土地征用补偿及其他财产性收入；转移性收入，是指家庭非常住人口在外寄回、亲友赠送及家庭获得的救济金、救灾款、保险年金、退休金、抚恤金等转移性收入和落实中央退耕还林政策，实施"大绿工程"，进行粮食直补、农机购置补贴、良种补贴等项政策所获的收入。

这四部分收入的比例结构不同，影响着农民收入水平的不同，被称为农民收入水平的晴雨表。在此次调查中，我们的统计结果如图 5-12。从图 5-12 中不难发现，战旗村村户的收入结构中，工资性收入较高，占比约为73%，这与战旗村发展良好的集体企业和现代农业产业园的兴盛不无关联,这直接促使富余劳动力参与到第二、第三产业中去,获得工资性收入;由于转移性收入在我们的调查中占总体收入比重较小,故而我们将转移性和财产性收入一同分析。从结果不难得到,转移性和财产性收入占比14%;而家庭经营性收入占比为13%。

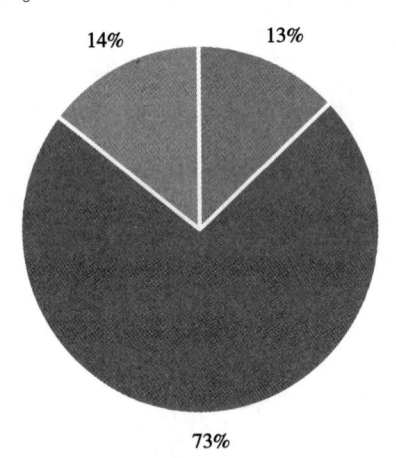

■ 家庭经营性收入 ■ 工资性收入 ■ 转移性和财产性收入

图 5-12 战旗村农户收入结构占比

在家庭经营性收入中(见图5-13),一般作为主要收入来源的第一产业收入并没有占整个家庭经营收入的大部分,仅仅为12%。这并不意味着第一产业占比小就等同于战旗村村户家庭经营性收入偏低。这是因为第二、第三产业的收入分别占家庭经营收入的18%和70%,大大提高了战旗村村户的家庭经营性收入。这和战旗村大力推行现代产业园是分不开的。借着旅游农业等东风,一些农民参与到自主创业中,这也使家庭经营性收入水平得以大大提高。

前文提到了战旗村村户收入结构中,工资性收入占比较高。那么在工资性收入中,哪种劳动收入占主要部分呢?在战旗村农户工资性收入来源结构占比图(见图5-14)中我们可以看出,在本地企业劳动收入占比最高,约为43%;其次是在本乡地域劳动收入,占33%。除了这两项劳动收入外,在本地提供其他劳务收入、外出

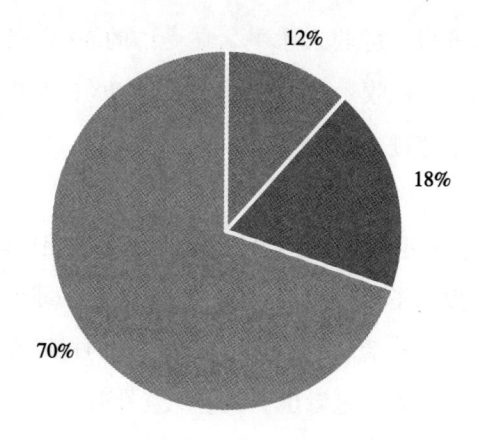

图 5-13　战旗村农户家庭经营性收入来源占比

从业收入以及在非企业组织中劳动收入分别占比 4%、13% 和 7%。其中外出从业收入较低与本地就业人数占比比重大不无关系，相对来说战旗村本村村民外出就业人数较在本地就业人数少，这直接导致了外出从业收入占总的工资性收入水平偏低这一结果。

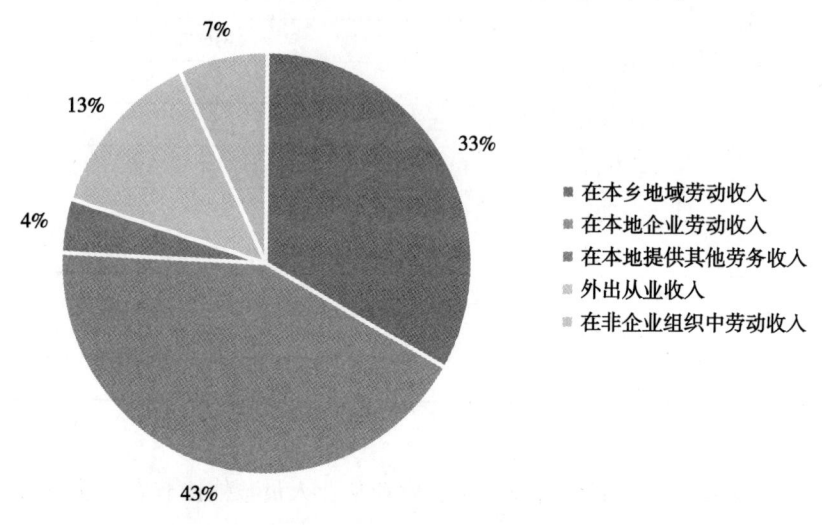

图 5-14　战旗村农户工资性收入来源结构占比

除工资性收入以及家庭经营性收入以外，转移性收入和财产性收入也能够影响村户的收入水平。在受访的39户家庭中，租金收入占财产性和转移性收入比重较高，高达92%；股息、红利、土地征用补偿占比不超过10%。

（五）从事农业与非农业行业的收入水平差距比较

前文我们提到了战旗村劳动力的就业情况，即少数村民在本村和外地从事农业生产活动，而有相当大比重的村民在过去一年参与了非农生产。上一部分笔者也提到了工资性收入较家庭经营性收入占比更大。此时我们不禁发生疑问，是否战旗村村民就业情况会导致其收入水平的差距。我们从战旗村劳动力在农业和非农业的不同行业的平均收入水平看起（见表5-3）。

表5-3　劳动力在农业和非农业的不同行业的平均收入水平

行业	平均年收入（元）
农业	12000
非农业	21971
交通运输、仓储和邮政业	31667
批发零售业	17714
住宿餐饮业	22200
居民服务业	10013
制造业	25714
建筑业	31000
电力、燃气、水生产及供应业	30000
其他服务业	20655
其他行业	28000

从表5-3中我们可以看出，农业从业人员整体比非农业从业人员的年平均收入低。其中除居民服务业以外的非农业行业从业人员的平均年收入，均高于从事农业生产的平均年收入。这与居民服务业从业者从事的相关具体工作和具体工作时长有关，但较从事农业

的劳动力来讲平均年收入差距不大。

我们再深入到非农业和农业工作的不同收入水平占比结构中：在图 5-15 战旗村农业与非农业行业收入情况差异的比较中，我们可以观察到，农业收入中 10000—20000 元的收入水平占比较大，大约为 65%；在非农业行业领域中，交通服务业 10000 元以上的不同收入水平的占比大致相同，大约各占 1/3；在批发零售行业拥有年收入 10000—20000 元水平的人最多；在住宿餐饮业大致有 74% 的人可以拿到 20000 元以上的年收入，但也有 25% 的人收入每年不超过 10000 元；此外居民服务业中总体收入多为 10000 元以下，20000 元年收入的占比极其微小；建筑业和电力、燃气、水生产及供应业的收入水平相对较高，20000—30000 元甚至年收入 30000 元以上的占比都不在少数，这两个行业年收入在 20000 元以上的均超过 90%，属于战旗村非农业行业中的高薪行业；此外制造业、其他服务业以及其他非农业行业在不同收入水平下的从业人员分布比较均等。综合看来，参与到绝大部分的非农业工作，相比仅仅从事农业生产工作，会提高农村劳动力的收入水平。

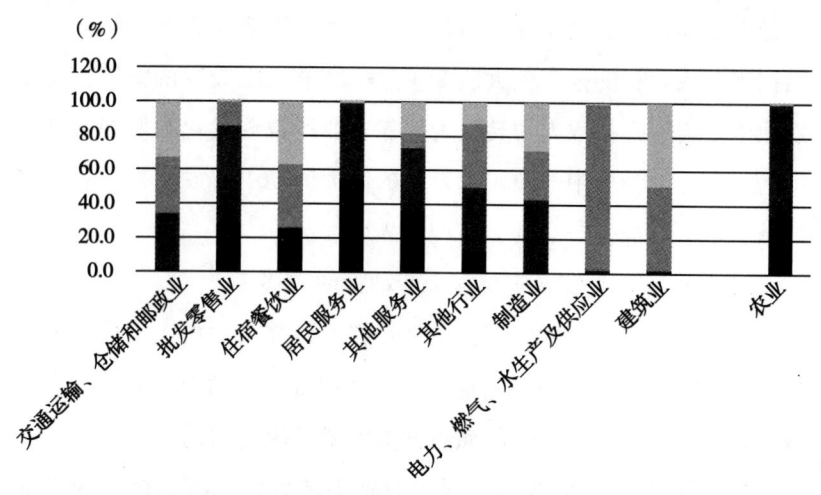

图 5-15 战旗村农业与非农业行业收入情况差异

(六) 农业政策对农民的就业与收入的影响

作为全国文明村、全国妇联基层组织建设示范村、省级新农村建设示范村、市新农村文化建设示范村、市统筹城乡发展综合示范村、县新农村建设综合体试点村、2011年成都最美田园村庄的郫县唐昌镇战旗村通过多年的经营，已经实现了村民就业水平和收入水平的极大提高。这与战旗村十几年来的一系列政策措施以及产业发展有关。

1. 提高产业档次，带动劳动力就业结构的变化

(1) 农业现代化生产释放大量劳动力

战旗村蔬菜专业合作社通过与四川农科院园艺所的合作，积极引进新型农业作物和农业种植新技术。在唐昌镇政府技术干部和农发局产业推进办的协助下，通过战旗村蔬菜专业合作社的运作，战旗村已经建成200亩以钢架大棚为主的设施农业新技术推广区。加上战旗村引进了澳大利亚无土栽培技术，使土地利用率得到大幅度的提高，实现了农产品质和量的提高。在种植和收获的过程中，不会像以前那样，农民需要付出繁重的劳动。钢架大棚技术和无土栽培技术在战旗村的推广大大改变了过去"靠天吃饭"的情境，实现农业生产增收靠投入人力转变为依靠农业科技现代化的发展，这使得局限在土地种植中的农民从繁重的体力劳动中解放出来，有更多的精力从事其他生产活动，实现收入增加。

(2) 村镇企业发展实现富余劳动力的转移

由于农业现代化的发展，土地耕作不再靠人力投入实现收入增长，随之带给战旗村的是出现数量不小的富余劳动力，那如何实现这些富余劳动力的就业是战旗村两委需要解决的问题。

好在战旗村在2003年，通过盘活集体资产，将集体企业中的个人股收购，再经过财产清理后，通过招商引资，企业资产租赁给经营者。这一举措救活了当时的战旗村集体经济。集凤实业总公司

就是这样一家村属集体企业。它下辖的"先锋一砖厂""先锋酿造厂""会富豆瓣厂""战旗特种铸钢厂""郫县复合肥厂"五个企业都是吸纳富余劳动力就业的集体企业,不光解决了战旗村村内的就业,还有效地实现了外来务工的富余劳动力的有效转移。在前文中提到的"先锋酿造厂"就是吸纳富余劳动力的大户。

除此之外,"榕珍菌业"也通过新技术和新品种作物的引进,实现农村劳动力再次回归第一产业。通过推广新技术使农民的生产技术实现飞跃,更能适应未来农业发展的新环境。

(3)第三产业的兴盛发展带动就业结构的转型

除了当年通过盘活集体资产救回的集体经济以外,近年来,归功于战旗村提出的建设现代农业产业园的战略目标,战旗村吸引了大量的第三产业企业,如四川大行宏业集团公司与北京东昇农业技术开发公司在战旗村投资建成的"战旗村·第5季田园村",该企业借助战旗村已有的第一产业发展出的农业田园景色,开发了一条新的旅游项目。通过这种"以旅助农、一三联动"的新的发展模式,使战旗村第三产业的发展得到了有效提高。这也使劳动力开始流向第三产业。至今,旅游业俨然成为战旗村的主导产业,目前仅第五季战旗田园村就吸纳300多名村民就近就业,从村民变为服务业从业人员。

另外,第三产业的兴盛发展也促进了战旗村村内农民的自主创业意识。过去大部分的农民只有依靠土地和集体企业的发展实现自身的就业,现在第三产业的进驻不光解决了村民的就业问题,也激发了农民自主经营的热情。仅以第5季战旗田园村为例,这一旅游项目带动了战旗村及其周边的住宿餐饮业的发展,此外经营售卖多种多样旅行小商品的商店也应运而生。

2. 战旗村政策惠民,实现农民增收

(1)土地流转实现财产性收入增长

在前文对农民财产性收入部分的分析中,我们得出在战旗村村户财产性收入中，租金收入占比最大，约为92%。农户租金如此之高，要归功于战旗村蔬菜专业合作社。2009年8月下旬，为贯彻郫县县委县政府推进农地规模经营的意见。战旗村村民组成的战旗蔬菜专业合作社对全村土地进行集中经营管理。为保障村民在土地集约经营后的收入，战旗村蔬菜专业合作社采取了"农户入股保底，收入二次分成"的分配方式。

（2）非农行业发展带来工资性收入的增加

不可否认的是，大部分战旗村农民参与的非农业行业工作的收入要高于农业生产所获得的收入。非农行业在战旗村的发展意味着战旗村集体经济的发展和外来投资建设带来的经济效益，这些不光是带来战旗村吸纳富余劳动力的能力，而且还带来了农民收入的增长，这些增长主要源自在非农行业工作带来的工资性收入的增长。

即使在土地实现集中经营后，农民依旧可以选择通过在本村及周边乡村寻找工作，不用远走他乡外出寻求工作。相比农民工式外出务工所得的工资性收入，在战旗村及周边村镇工作所得占总工资性收入比重要大得多。这就意味着未来要提高农民工资性收入，就必须依靠大力发展村镇集体经济，让第三产业企业在战旗村蓬勃发展。在吸纳更多农民进入非农业行业工作的同时，通过企业效益的提高实现农民工资的进一步提高。

（3）自主经营改造家庭经营性收入

过去的农民是"靠天吃饭"，日常守着"一亩三分地"辛勤耕作生活。可喜的是，土地流转给战旗村农民带来了财产性收入的增长，村镇企业的繁荣给战旗村农民带来了工资性收入的提高。现如今农民增长收入不光靠出租土地或是在企业工作赚取工资。

战旗村旅游业的发展不光让农民成为第三产业企业的雇员，而且让很多村民发现更多的商机，自己做起了小老板。随着日常旅客的增多，不少村民在风景区周围摆起了摊铺，通过贩卖战旗村特色旅游纪念品获得收入。此外，一些村民开起了餐馆和旅店，雇用其他村民招待来往旅客。这些现象都意味着农民收入从"增收"到"创收"的转变。

五 本章小结

作为全国文明村、四川省新农村建设示范村的郫县唐昌镇战旗村按照十六届五中全会通过的《十一五规划纲要建议》的要求，扎实推进社会主义新农村建设，在社会主义新农村的经济建设方面取得了突出的进展。在此次调查中，我们了解到了战旗村近年来的产业状况和发展模式，看到了战旗村村民因为自己所在的村子不断发展而得到的实惠。总结和回顾战旗村近年来的发展成就，不得不提到以下三点。

第一，推进农业产业化发展，探索出一条"村—企—农"三合一协同发展的良性发展模式。依靠集体经济股份制改革，对集体资产进行清算，聘请专业经营人员实现战旗村集体企业的保留和发展，也实现了集体资产的保值增值，保障了农民的红利收入；建立农业股份合作社，让农户以土地承包经营权入股，将土地集中经营，或引进投资，或农业规模生产，以促进农业产业化发展。

第二，合理规划，建设发展现代农业产业园。在战旗村蔬菜合作社的牵头下，与农业科研院所合作，引进钢架大棚技术、无土栽培技术，开发农业新品种。通过对现代农业产业园区控制性详规及产业布局规划、道路、水系规划工作，逐步建立了550亩农业产业园核心区，并完成了现代农业产业园核心区基础设施建设（新扩建道路1.5公里，沟渠1公里，安砌"U"形槽2公里）。现代农业产业园的建成不仅仅意味着战旗村农业产业的升级，还意味着战旗村招商引资的内部吸引力。在产业园建成后，战旗村已引进了3家农业产业化龙头企业入驻现代农业产业园核心区，解决了本村富余劳动力的本地就业和收入水平的提升。

第三，发展农村旅游，改善产业结构。战旗村在现今的社会发展背景下，发觉实现自身经济的发展，需要对产业结构和产品结构进行调整。战旗村通过发展农业旅游产业，来改善自身产业结构，形成较高的产业附加值。"第5季·战旗田园村"的建成意味着战旗村经济发展方式的转变。旅游业的发展让原本外出务工的农民返乡就业，也让农民拥有多种收入渠道来让自己的荷包变鼓。同时，旅游业的创收会让战旗村及村民意识到农村卫生环境及人文环境的重要性，"乡风文明、村容整洁"的意识已经深入人心。

战旗村在取得社会主义新农村经济建设成就的同时，仍然存在需要尽快解决的可持续发展问题。

第一，战旗村的发展给村民带来了看得见的利益，钱包鼓了，生活水平也提高了。但我们不能忽视战旗村依旧存在收入差距过大的现象。在我们调查的家庭中最高收入为每年120000元，最低收入为每年5000元。要实现战旗村经济的进一步发展，就必须解决这一问题。战旗村可通过引导农户转移就业，重点帮扶因病致困、因灾致困的农户。只有解决收入差距问题，战旗村的发展才是有意义的。

第二，要继续重视农业。近年来发展中的农村，或多或少地出现"重工轻农、重商轻农"的现象。要意识到农业是农村发展的根本，即使工业、服务业带动农村经济发展能力更强，但其发展的根据是建立在战旗村自身农业的发展，失掉了农业生产的基础，工业和服务业的发展也是空谈。在土地实现流转后，要时刻注意监督"非农化"用地倾向的发展，守住"耕地红线"是村落发展义不容辞的任务。

第三，要注重合理投资，量力而行。战旗村今年的发展成果好，并不意味着接下来的投资都会有成效。这就需要战旗村村集体和村民要擦亮双眼，不盲目跟风、合理投资，避免过度的开发造成的浪费；此外，农村发展还有很长的路要走，即使现阶段村民收入水平有所提高，也不意味着战旗村已经建成社会主义新农村。在接下来的发展中，依旧要量力而行，立足现有基础，解决发展过程中亟待处理的问题。

第四，落实集体企业市场化和合作社现代化经营。目前战旗村的主要集体企业和股份合作社已经实现了现代企业管理运营的形式改革，如：建立股东大会、董事会、监事会的"三会"制度。但是改革由村两委直接领导，所以在已经建立的现代化企业和合作社经营管理中依旧能看到村两委相关领导的影子。这种暧昧不清的现状急需战旗村集体企业和股份合作社的进一步改革，实现"产权清晰、权责明确、政企分开、管理科学"的现代企业治理结构；另外，战旗村"村—企—农"的现代农业发展模式依靠的是三个主体的互动发展，而不是"村—企—农"三合一的集合发展，应避免各主体设立的规章制度浮于形式。

第六章

基本公共服务与社会保障

　　本章开始，有必要先明晰什么是公共服务与基本公共服务均等化，以及基本公共服务均等化的内涵和评价标准。从理论上讲，公共服务是与公共产品密切相关的概念。公共产品是指具有收益的非排他性和消费的非竞争性的产品和服务（包括物质形态与非物质形态）。广义公共服务与公共产品内涵相同，是指公共领域所有的产品和服务。包括公共基础设施、教育、就业、社会保障、公共卫生、公共文化体育事业、公共交通系统、环境保护、社会治安、消防救灾、市场监管、信息服务等一切由政府承担主要责任，并有利于城乡居民物质文化生活水平不断提高的社会经济事业；狭义的公共服务则是指具有福利性的、非物质形态的公共服务，包括公共基础设施服务、基础教育（主要是指义务教育）服务、就业服务、社会保障相关服务、医疗卫生服务和公共文化体育服务等内容。

　　事实上，有些公共服务是物质形态与非物质形态融为一体的，比如中小学校与义务教育、公共交通设施与公共交通服务、公共文化娱乐场所与文化娱乐服务等；另一些公共服务则需要建立在相应的公共产品（制度、设施）基础之上，完善的公共服务构成了充分发挥公共产品效能的必要条件，如公共卫生服务往往要以相应的医疗服务机构为基础，各项社会保障服务要以相应的社会保障制度为基础。

而基本公共服务均等化，是指平等地、非歧视性地满足城乡居民的基本公共服务需求，是全体国民共享国家发展成果的基本途径。它以公民平等的公共服务享有权为基础，以政府为责任主体，以相关制度安排与服务供给为载体，以公共资源合理配置为支撑，以向城乡居民提供与其基本需求相适应的普惠性公共服务为目标。

一　村级基本公共服务：成都市域的经验与探索

对不同区域和经济发展状况来说，尽管不同发展阶段的基本公共服务会有不同的标准，但使城乡居民在享受基本公共服务的内容、数量、可获得性和质量方面大体均等应该是基本公共服务的核心所在。为此，即使是一个村级行政单位，也需要遵循相应的基本原则：一是坚守公平、正义、共享的核心价值理念，用是否实现或促进了社会公平作为评价公共服务的基本标尺。二是用制度（设施）的城乡一体化带动服务均等化，消除各种制度安排中的歧视性是重要前提条件。三是满足普遍性需求与兼顾特殊性需求相结合，教育、就业、医疗卫生、社会保障、文化等是城乡居民的普遍性需求，其供给应当努力实现城乡均等化；而农业生产公共服务则是从事农业生产的农民的特殊需求，同样应当得到满足。四是相对集中、方便群众、有效服务。

而要真正实现城乡居民基本公共服务均等化，就要通过相关法制赋予城乡居民享有基本公共服务的平等权利，通过有效的资源配置和有力的公权监察切实保障城乡居民享有基本公共服务的平等机会。

村级公共服务，是成都统筹城乡工作的另外一个层面。权利，不单单是一种财产权利，还有一种作为社会成员的权利。比如，城市居民为什么就能够全部覆盖到社会保障体系里去。社会保障的基本想法就是，每家每户即便你拥有财产，也可能在市场波动中受到个人难以承受的波折。社会安全网，就是通过一个社会的筹资过程，给每一个可能遇到生存问题的公民以保障。

郫县唐昌镇战旗村的实践经验是在成都市城乡统筹改革试验区的大环境下摸索起来的。因此，在总结和深入分析战旗村基本公共服务特征与机制时，有必要先对成都市城乡统筹改革试验区的基本公共服务主要特征与制度安排进行概括和梳理。城乡统筹，不仅在财产权利方面大家能够走向更平衡，作为一个社会成员你也能享受到其他权利。无论如何，不能说城市居民才能受到这种社会安全网的保护，而农村天灾人祸则完全靠农民家庭自己去应对。

（一）建立耕地保护基金

在以往对农地进行流转的过程中，出现最大的问题就是农地性质的改变。而保持耕地总量不跌破耕地红线，保证耕地质量不下降，是保障粮食安全的基础。这就要求政府对流转土地的总量、质量以及性质把关。

为激励农民保护耕地的积极性，耕地不能改变用途，政府通过财政的返还来鼓励，还顺带解决了农民养老问题。现有的土地用途管制存在这样一个困难：相对于高速城市化背景下的建设用地市价的剧烈上升，农民从耕地上获取的收益相对微薄。可是按现行相对价格指引，听任工业化、城市化大量占用耕地，在政治上又不被接受。在此两难背景下，成都决定以补贴提高农民保护耕地的积极性，为农村资源的大规模流转设立一道保护耕地的"防火墙"（陈家泽，2008）。

2008年1月，成都市出台政策，决定设立耕地保护基金，为承担耕地保护责任的农户提供养老保险补贴，在全国率先建立由市县财政支持的耕地保护基金制度。耕地保护基金由市、县两级按各50%共同筹集，主要由市县两级政府的部分土地出让收益、新增建设用地土地有偿使用费和耕地占用税构成，不足部分由市、县两级财政兜底。然后根据全市耕地质量和综合生产能力，对耕地（包括水田、旱地、菜地及可调整园地等）按基本农田以400元/亩·年和一般耕地300元/亩·年为标准实行类别保护与补贴。这实际上是建立了一个"发达地区支援落后地区、城市反哺农村"的分享机制，促进了城市化带来的高额土地收益在城乡之间和不同区（市）县之间的统筹使用。

成都市耕地保护基金实质上是将耕地保护、提高土地综合利用效率与土地使用者农民的社会保障问题相联系——农民可通过承担保护耕地的义务、参与到耕地保护的行动中去获得专项用于各项社会保险的补贴。成都耕地保护基金改变了以往土地保护依靠政府部门自上而下的监督模式，通过依靠村民自觉保护来提高保护耕地的实际效率。除此之外，该基金还创新了成都土地产权改革方式：一方面，耕地保护基金使农民明白在土地确权、流转过程中保证耕地质量、面积不损失的重要性，唤醒了村民对土地产权保护的意识，提高了产权改革效率；另一方面，通过创新的手段摒弃其他地区通过让农民放弃宅基地或现有承包地的方式获取社会保障补贴的方式，既减轻了村民自筹社会保险的负担、提高了农民的社会福利水平，又减少了因土地转让带来的纠纷事件的发生。

2009年，成都市在全域实施新型农村社会养老保险制度，全面推开耕地保护基金补贴农民参保机制，全市新型农民养老保险参保人数达到70.85万人，比2008年大幅增长65.8%。可见，成都市耕地保护基金在实现土地产权改革的同时也助推了新型农村社会养老保险，使社保领域的城乡差别逐步缩小（马义华、李太后，2012）。

典型材料 6-1

成都市耕地保护基金简介

为严格保护耕地，提高耕地综合生产能力，根据《中华人民共和国土地管理法》《中华人民共和国农村土地承包法》《基本农田保护条例》有关规定，建立耕地保护补偿机制，由成都市政府设立耕地保护基金。耕地保护基金按照"统一政策，分级筹集"的原则，由市和区（市）县共同筹集。

根据全市耕地质量和综合生产能力，对耕地实行分类别保护与补贴。具体类别划分及补贴标准如下：

（一）基本农田：400 元/亩·年。

（二）一般耕地：300 元/亩·年。

耕地保护补贴标准根据全市经济社会发展状况和耕地保护基金运作情况，建立相应的增长机制。

耕地保护基金的使用范围：

（一）耕地流转担保资金和农业保险补贴。

（二）承担耕地保护责任农户的养老保险补贴。

（三）承担未承包到户耕地保护责任的村组集体经济组织的现金补贴。

每年提取当年划拨的耕地保护基金资金总量的 10%，用于对全市范围耕地流转担保资金和农业保险补贴。并以耕地保护补贴标准为依据，扣除耕地流转担保资金和农业保险补贴后，农民所获得的耕地保护补贴首先用于其购买养老保险。

成都市耕地保护基金一方面实现了农村耕地的保护，又通过基金增加了农村居民的收入。同时多出来的部分又给予养老保险待遇，连接了农业劳作和养老保障。市劳动保障局根据耕地保护基金相关规定制定耕地保护基金实现补贴农民养老保险补贴以及与城镇养老保险接轨。

未认真履行耕地保护责任、非法改变耕地用途或破坏耕作层致使耕地生产能力降低的，区（市）县政府将单方面终止履行《耕地保护合同》，责令违规者在规定的期限内恢复耕地生产能力。

造成耕地永久性破坏并已发放的耕地保护资金补贴，将全部予以追缴，并由国土资源部门依照土地管理法律法规相关规定进行处罚。构成犯罪的，依法追究其相应刑事责任。

截至 2010 年 6 月末，成都市已在全市 242 个乡镇发放 2009 年度耕保基金 19.4 亿元，发放到农户 14.6 亿元，涉及农户 140 多万户，保护耕地面积 400 多万亩。

另外，成都市农村的养老保障不仅在全国是领先的，医保也是全国领先的。成都市社保的建设以实现基本公共服务均等化为突破口，破解长期以来形成的城乡二元困境，同时在村庄一级通过村民民主参与，实现村庄的有效共治，是目前我国在农村工作中迫切需要解决的两个关键性问题。

（二）成都城乡公共服务一体化改革推进村级基本公共服务完善

2011 年成都城乡公共服务一体化已列出了明确的时间表，到 2020 年，成都将实现城乡基本公共服务均等化。至此，成都市统筹城乡综合配套改革试验区建设又迈出了关键一步。11 月 25 日，成都市《关于深化城乡统筹进一步提高村级公共服务和社会管理水平的意见（试行）》（成委发〔2006〕37 号）（以下简称为《意见》）正式出台，预计到 2020 年，成都农村居民将享有和城市居民均等的基本公共服务水平，成都 600 多万农村人口的生活状况将彻底改变。

成都市委市政府强调要把《意见》落实到村一级，深入推进统筹城乡综合配套改革试验区，进一步缩小城乡差距；积极应对金融危机带来的经济困难，扩大内需，保证经济快速稳定增长，进一步加强农民群众的消费信息，改善农村消费环境。据介绍，成都市为农村提供了村卫生院、农民就业服务、农民社保试点等，此举已走在全国改善农村基本公共服务的前列。而且成都市政府还在探索将公共服务延伸到农村村级社会的管理机制，出台《意见》这样系统性的文件在全国尚属首次。

《意见》明确，到2012年，城乡统一的公共服务制度建设取得重大进展，农村公共服务和社会管理体系进一步完善，城乡基本公共服务差距进一步缩小。村级公共服务和社会管理水平达到"四个有"：有一套适应农民生产生活居住方式转变要求、城乡统筹的基本公共服务和社会管理标准体系；有一个保障有力、满足运转需要的公共财政投入保障机制；有一个民主评议、民主决策、民主监督公共服务的管理机制；有一支协同配合、管理有序、服务有力的村级公共服务和社会管理队伍。预计到2020年，建立城乡统一的公共服务制度，基本实现城乡基本公共服务均等化。同时，成都还将村级公共服务和社会管理划分为文体类、教育类、医疗卫生类、就业和社会保障类、农村基础设施和环境建设类、农业生产服务类、社会管理类七大类，并提出了分类供给、经费保障、统筹建设、民主管理和人才队伍建设"五大机制"。通过分类供给机制，将村级公共服务和社会管理项目分为公益性、自治性和市场性三类，分别由政府、村级自治组织和市场主体实施，政府统一引导；通过经费保障机制，将该项经费纳入各级政府财政预算，全面提高村级公共服务和社会管理的财政保障水平；通过统筹建设机制，统一规划农村公共服务和社会管理设施布局；通过民主管理机制，对相关设施、项目建设实行民主决策制度，建不建、怎么建，都由村民自己说了算；而人才队伍建设机制将结合公开招聘制度，从相关主管部门、高校等科研机构中吸收人才资源。

基本公共服务均等化的关键，是城乡居民能够平等地享受到相应的公共服务，但这必须打破城乡分割分治的传统格局，剥离传统户籍制度上的特定身份标识，并创造相应的条件。在这方面，成都市着眼"全域成都"的城乡统筹规划，以户籍、农地产权等基础性制度改革和强化农村地区基础设施建设等为着力点，为城乡公共服务均等化建设工作奠定了较为扎实的基础。

（三）"全域成都"总体的城乡统筹规划

2007年6月，成都市正式提出要用"全域成都"的理念来实施城乡统筹。其中，明确要求在规划中贯彻城乡一盘棋、大中小城市和小城镇协调发展的原则，突出以中心城区为核心，以县城、区域中心镇为重点，从空间格局、城镇体系、总体功能区和战略功能区、产业发展与空间布局、综合交通枢纽等几个方面着手，形成"全域成都"城乡统筹、总体规划与专项规划相互衔接、全面覆盖的"全域成都"规划体系和监督执行体系，这一要求不仅在市级层面得到实践，而且在区县、乡镇规划中亦得到了体现。

在教育方面，成都全市农村初中、小学建设全部纳入城乡一体化的教育发展规划，进行整体规划和布局，将学校选址与重点镇、中心村建设相结合，学校规模与人口集聚相适应，资源配置与教育需求相统筹。在卫生事业发展方面，先后制定了《成都市区域卫生规划》《成都市卫生事业十一五规划》《成都市医疗卫生资源布局规划（2005—2020）》。按照规划，整合卫生资源，调整结构布局，突出以公共卫生、农村卫生、社区卫生为重点，卫生资源配置及相关政策向公共卫生、农村卫生和社区卫生倾斜，同时根据一定的服务半径对城乡医疗卫生院（站）及社区或村级医疗服务中心进行合理布局。在公共交通方面，先后编制了《成都市综合交通运输规划》《成都市综合交通第十一个五年规划》《成都市县道公路网规划（修编）》《成都市乡镇客运站建设规划》《成都市国家公路枢纽总体布局规划》等一系列规划。正是这些立足城乡统筹的市级、区县、乡镇总体规划和各公共服务专项规划的协调编制，为推进城乡公共服务体系中的公共交通设施与服务的建设提供了具体依据。

二 基本公共服务：成都城乡统筹改革后的考察

（一）战旗村公共服务的总体概况与评价

1. 公共服务和社会管理的总体概况评述

在村级集体经济经营方面，2009年以来战旗村按照"村—企—农互动促发展、市场化运作建新村"的思路，大力实施社会主义新农村建设，被列入全省新农村建设试点示范重点推进村。规划面积10000亩的现代农业产业园，着力打造"一区一园两基地"：精品农业展示区、生态农业观光园、珍稀食用菌标准化生产基地、有机食品示范基地，引进5家产业化龙头企业，食用菌生产、加工、销售3家企业，组建了榕珍菌业公司。采取"农村建设项目锁定城市资源，城市资源置换农村建设资金"的办法，建设新型农民社区和配套全村基础设施。新型社区计划已逐步落实，并在所在区域形成规模。①

村两委在上级党委、政府的领导下，带动全村党员、群众认真落实科学发展观和党的十七大精神，认真贯彻党的各项方针、政策，解放思想，拓宽思路，坚持物质文明和精神文明一起抓。一方面大力发展村集体经济，不断改变经营机制，壮大集体经济实力，增加农民收入。另一方面加强农村精神文明建设，利用2005年在全村开展的大学生进农家活动，全面提高村民素质，塑造良好的村风、民风，全面推进了战旗村两个文明建设向前发展，受到中央宣传部、省、县的表彰。2008年荣获绿化示范村、成都市民主自治村等称号。此外，还连年被县委评为"红旗党支部""先进基层党组织""省级文明单位"。

---

① 战旗村新社区计划建设成果，可见第一章"（二）开展土地整理，改善村民居住环境"。

职能和规划方面：为了全面落实科学发展观，深入贯彻城乡统筹、"四位一体"科学发展总体战略，战旗村依照成都市委《意见》的要求，紧紧围绕统筹推进"三个集中"，逐步在战旗村构建完善的农村公共服务和社会管理体系。从而提高战旗村公共服务和社会管理水平，促进战旗村各项事业全面进步，使广大村民共享改革发展成果。在上级相关部门的指导下，结合战旗村的实际情况和社会服务现状，我们特地组织村社干部和大学生志愿者挨家挨户地入户调查，征求群众意见。随后结合群众意见和战旗村的发展需要，多次召开党员代表大会、村民大会和议事会议，对反馈的情况进行分析、讨论。最后经全体议事会成员同意：战旗村的公共服务和社会管理体系建设，依照《战旗村公共服务和社会管理改革试点工作实施方案》实施，并设立专门的服务站（室），为村民提供长期的专业的社会服务。同时确定了群众最急迫需要、应优先组织实施的6个项目。

组织和协调方面：2006年战旗村开始了农村治理机构改革试点，通过村级治理机构改革，理顺了治理关系，让权、责更加规范，更加合理，充分调动了村民对重大事务的参与和决策的积极性，为村上遇到的一些问题找到了良好的路径。战旗村的具体做法是：把村党总支、村民大会（代表会、议事会）、村民委员会、村务监督委员会、村集体经济组织（土地股份合作社、集凤公司）权责分离，让他们在村级治理中各行其权，各负其责。为了体现党支部的全面领导作用，确立了党支部的全面领导权。为了充分体现村民自治，确立了村民大会（代表会、议事会）的决策权，村上的重大事务是村民说了算，不是干部说了算。为了确保决策后工作的落实和实施，赋予村民委员会执行权。为了村委会执行过程中不走过场、不走样，赋予村务监督委员会的监督权，村上的重大事务，村务监督委员会始终参与、全程监督。村集体经济组织必须按经济规律、按市场法规办事，因此要给集体经济组织独立的经营权。2008

年后，战旗村已陆续完成农村基层治理结构的改革，此次改革对于战旗村村民自治组织和协调方面有着巨大贡献，成果卓然。①

为做好战旗村的公共服务工作，战旗村参照市、县相关文件要求以及《战旗村公共服务和社会管理改革试点工作实施方案》，着力解决战旗村公共服务体系中的硬件设施问题，不断完善战旗村的公共服务平台。2011年，战旗村的公共服务平台主要由两部分组成：一是在县委宣传部、县纪委、县文广局、县农发局的财政支持和指导下，进一步拓展战旗村文化大院的功能，将文化活动室、广播室、图书电子阅览室、培训室和农业技术信息服务站整合到文化大院中，把文化大院建成了一个群众文化体育活动、学习培训和农技服务的中心；二是在县政务中心、县信息办、县劳保局、县卫生局、县计生局、县邮政局和县商务局等部门的支持和指导下，充分利用战旗新型社区公共服务配套房，在原有警务室、民调室的基础上，新设立便民服务站、劳动保障工作站、卫生服务站、计生服务室、邮政服务站和便民超市。同时还成立了新型社区管理委员会办公室，专门协调各站（室）的工作，及时处理村民遇到的问题。这样不仅能满足村民的需求，还能使他们享受到更方便、更快捷、范围更广的服务。

对保障和利用的评价：硬件设施问题解决后，战旗村又遇到了管理人员难找的问题。为此，他们通过以下四个途径解决：一是整合职责，从村自治组织内部调配人员从事公共服务中的组织与协调工作；二是结合"一村一名大学生"志愿者计划，从全镇范围调配2—3名大学生志愿者参与本村的公共服务和社会管理；三是经"三会"同意，根据需要面向社会公开招聘部分专业人员；四是将幼儿教育、农业技术信息服务站、社区绿化维护等服务项目转包他人，让其为村民提供有偿的服务。人员确定后，村里联系县级相关部门对其进行业务培训，使其能更好地为村民提供服务。

---

① 具体成果可参见第四章新型农业社区管理部分对农村基层治理结构改革的介绍。

2010—2012年，除了积极为广大村民提供行政代理、医疗卫生、生殖保健、农业科技等优质、高效的常规服务外，还主动联系县级相关部门到战旗村开展各类活动。例如郫县劳动和社会保障局、唐昌镇人民政府在文化大院举办了绣花、焊工、家政等5期职业技能培训；县农发局、科技局举办了蘑菇栽培、大棚蔬菜种植和现代农业发展等农业科技讲座3期，并在战旗村文化大院设立宣传栏，为村民提供各类科普知识；县卫生局开展了防治流感知识宣传活动等。另有两次活动最具特色：一是2008年县委宣传部主办、县团委承办的关爱留守儿童系列活动——"快乐双休日"；二是2009年郫县县委宣传部举办的"高校+支部+农户"大学生进农家活动。

在做好服务的基础上，战旗村不忘加强管理。为此战旗村在2008年基层治理结构改革的基础上，进一步发挥群众在村级公共服务和社会管理中的主体地位，完善群众广泛参与的民主管理机制。由村民主监事会加强对民情民意的收集，并根据收集到的情况，向村民委员会提出整改建议。再由村民委员会提交到战旗村联席会议或议事会进行表决。此外，村民主监事会还对战旗村公共服务的服务水平、服务质量和资金使用进行督查，若项目满意度不达标，将追究具体经办人责任，并扣减相应补贴。

2. 战旗村公共服务和社会管理改革的评价

第一，公共服务与社会管理效果评价。自从开展村级公共服务和社会管理改革以来，战旗村发生了翻天覆地的变化，这种变化不仅体现在村容村貌的改善，更多的是体现在战旗村干部、村民的综合素质和民主意识的提高。

一是村社干部的民主意识增强。以前战旗村村社干部总是舍不得放权，什么事都是"村两委"决定，很少征求大家的意见，更谈不上由群众做主了。结果"村两委"干部尽管尽心尽力地为群众办事，但总有群众不理解、不支持。自从开展村级公共服务和社会管理改革后，在开展基层治理结构改革的基础上，进一步健全完善村级治理机制，充分发挥"三会"自治组织的作用，村内大事都由群众说了算。在确定专项经费如何安排使用时，广泛发放调查问卷，征求群众的意见，汇总形成10个项目内容，最终经村议事会审议通过。确定了农业园区道路维护、聘请两名文化大院管理人员、新型社区治安维护、绿化维护、深化大学生进农家活动、开展老年文体活动等最亟须解决的6件事。

二是村民的民主意识和自治能力增强。以前村民有什么意见、看法，不愿向干部反映，认为自己说了不算，不如不说，有的村民代表连会议都不参加，放弃自己的代表职责。而开展村级公共服务和社会管理改革后，群众发现他们的一些意见建议得到了采纳，说的话有人听了，所以参与的积极性就高了。在新型社区分房过程中，原定是请公证处的公证员来现场公证，在议事会上，代表们否决了这个提议，提出分房是村民自己的事，应由自己解决。只要整个过程做到公开、公正、透明，完全可以把房分好。结果，通过代表们积极参与和精心组织，按照公开、公平、公正的原则顺利组织实施了分房工作，群众非常满意。

三是村内管理更加民主。战旗村在制订实施方案、专项资金使用安排等村级公共服务和社会管理工作中，总结出了"民主管理六步工作法"，并在分房和成立新型社区管理委员会等实际工作中推广运用，收到了很好的效果。（1）宣传动员。采取召开村民会议、发放宣传资料等形式广泛宣传，做到家喻户晓。（2）征求意见。采取发放问卷调查表、召开院坝会、村民代表会议等形式，对村上要实施的项目内容广泛征求群众意愿。（3）形成议案。梳理汇总群众提出的意见建议，召开村联席会议讨论，形成提交议事会审议的议案。（4）议决公示。召开议事会对村联席会议提交的议案进行充分讨论、票决通过，形成会议纪要，并在每个社对会议纪要进行及时公示。（5）组织实施。村委会按照议事会通过的决议，具体负责实施,并全程接受村民主监事会和群众的监督。(6)社会评价。在项目完成后,村上就组织群众代表对项目的服务质量和效果进行评价。现在"民主管理六步工作法"已经成为战旗村进行自治管理的一个基本工作方法,村内一切重大事务都严格按照这个工作方法来进行,取得了较好的效果。

第二,公共服务与社会管理的财务资金绩效评价。依据成都城乡统筹相关规定,在公共服务和社会管理改革中,所涉经费由市、县财政按不少于20万元/年的标准纳入财政预算,定额补贴,包干使用,同时唐昌镇给予一定补贴,直至所需经费与城镇公共服务基本持平。而经费的使用和审计,则根据项目的属性采用不同方法:对政府投入的项目,由唐昌镇统筹安排;对委托村民委员会实施的项目,原则上委托战旗村实施,由镇上建立"以事定费、以质定酬"的公共服务经费核算和绩效考核制度,由镇督导组和财政所加强督导和审计;对应由战旗村实施的项目,按照相关规定,需召开议事会或村民大会由村民自主决定,同时由村民主监事会对项目实施和经费使用情况进行监督,并按季度将监督情况予以公告。

2009年战旗村把经费主要用于办公场所的修建、设施的购置、服务人员的选聘及其他活动、项目的开支。在办公场所的修建和设施的购置方面,新修或改建了便民服务站、劳动保障工作站、卫生服务站、计生服务室、邮政服务站和便民超市等服务站(室),并配备了LED电子显示屏、触摸屏、平板电视、电脑等现代化办公设备,增添了各类文体活动器材及农技类相关书籍、杂志等。在服务人员的选聘方面,我们选聘了三名大学生和四名社区工作人员专门从事公共服务。

按照市、县相关规定和《战旗村公共服务和社会管理改革试点工作实施方案》,在2008年、2009年这两年中,战旗村应完成村级公共服务和社会管理之分类供给、经费保障、设施统筹建设、民主管理和人才队伍建设五项机制的建立和健全。

表 6-1　　　　　　　　公共服务通用评价指标体系

要素	指标	次级指标
促进指标	1. 职能和规划	1.1 明确公共服务职能和职责
		1.2 制定和实施规划
	2. 组织和协调	2.1 建立和完善组织机构
		2.2 加强协调和沟通
	3. 保障和利用	3.1 服务队伍建设
		3.2 资金管理和使用
		3.3 设施建设和维护
		3.4 整合利用社会资源
结果指标	4. 社会影响	4.1 缩小城乡差距
		4.2 环境保护
	5. 关键绩效	5.1 财务绩效
		5.2 核心业务达标情况
	6. 满意度	6.1 公众满意度测评

（二）村级公共服务的特点与案例

2009 年 4 月，国务院批准《成都市统筹城乡综合配套改革实验区总体方案》，明确要求成都要加强重点领域和关键环节的先行先试，加快建立统筹城乡发展的体制机制，促进公共资源在城乡之间均衡配置，生产要素要在城乡之间自由流动，推动城乡经济社会发展融合，为全国深化改革、推动科学发展和促进社会和谐提供经验和示范。至此，成都形成了"以推进城乡一体化为核心、以规范化服务型政府建设和基层民主政治建设为保障的城乡统筹、四位一体（经济、政治、文化、社会建设）科学发展总体战略"，以推进城乡规划、产业发展、市场体制、基础设施、公共服务、管理体制六个"一体化"，加快形成城乡经济社会发展一体化新格局的思路。这一过程中，成都市针对传统的公共服务行政管理体制、相互分割的相关制度安排、政府包办的公共服务供给机制和失衡的公共资源配置方式进行了一系列改革，全方位地整体推进"全域成都"的城乡公共服务一体化建设，做出了难能可贵的探索，取得了显著的成效。

从郫县战旗村公共服务和社会保障的制度安排及具体做法来看，具有以下几个方面的主要特征。

1. 经费保障机制

成都市县两级财政每年向全市范围内建制村和涉农社区提供不低于20万元的村级公共服务与社会管理专项资金，其中近郊区（县）财政按市与区（县）5∶5的比例安排，远郊县（市）财政按市与县（市）按7∶3的比例安排。乡镇村组代理会计中心为村（涉农社区）开设专用账户，实行专账核算、专款专用，明确规定专项资金不得用于生产经营活动。同时引入社会力量，允许经村民（代表）会议决定，可以按专项资金标准方法7倍杠杆率向城投公司融资，从而有效解决了村级公共服务资金不足的问题。对于一些基础设施、公共服务设施较为落后的村庄，加大对农村社区公共服务设施一次性投入。

2. 民主管理机制

项目由村级自治组织具体实施，依据民主决策、自主建设、严格监督的原则，村民（代表）会议决定专项资金的使用、管理和监督。在实践中，民主管理机制主要包括三个步骤：首先，民主议定项目。通过走访摸底、问卷调查、投票记分等方法，由村民集体决定项目内容和实施次序，最大限度地实现公平与效率的平衡。其次，民主监督项目。村民选举产生的村民议事会或监事会，定期对项目的实施和经费的使用进行监督和管理。最后，民主评议项目。完成项目都要经过"三评"：一评是否达到合同要求，二评村民是否满意，三评如何改进提高。在民主管理机制的建设中，各区县充分发挥村民的主动精神和实践智慧，涌现出一批促进民主决策、加强民主管理的创新机制。

3. 以健全公共服务为抓手

城乡基础公共服务均等化是实现统筹城乡发展的关键步骤和基

本目标。成都市充分考虑到农村需求的多层次性，按照"公益性服务政府承担、福利性服务社会承担适度补贴、经营性服务探索市场化供给"的思路，创立了一套村级公共服务和社会管理的分类供给机制，将村级公共服务和社会管理分为文体、教育、医疗卫生、就业和社会保障、农村基础设施和环境建设、农业生产服务、社会管理七大类。

摸索出一套初步成型的模式。其特点可以描述概括为：以政府的有限投入，通过基本公共服务项目运作过程，实现民生与民主的有机结合，促进村民生活与基层治理结构的双重改善。在实际操作中，通过提供专项资金等方式，成都市努力健全农村基础教育、公共卫生、社会保障等公共服务体系，突出抓好村民最关心、最需要的基层公共服务和社会管理工作，初步改善了部分地区村级基础设施建设长期滞后、公共服务供给严重不足的局面。

表 6-2　　2012 年度战旗村城乡居民医疗保险参保情况

社	普通城乡居民 60元	普通城乡居民 120元	少儿互助金 50元	民政补助 低保	民政补助 五保	残联补助 残联阳光救助	大病补充医疗保险 122元	大病补充医疗保险 244元
战旗一社	99	24					4	14
战旗二社	98	39					3	26
战旗三社	107	20					12	22
战旗四社	93	38					12	18
战旗五社	141	21					2	26
战旗六社	89	25					6	25
战旗七社	107	26					7	18
战旗八社	99	29					4	30
战旗九社	90	19					6	8
战旗十社			1	7		30	3	5
战旗十一社			40					15
合计								

典型材料 6-2
访谈 1：战旗村公共服务和社会管理的一些情况

2007年，战旗村在郫县县委、县政府的帮助下，同成都市惠农投资公司合作，修建了占地215亩的战旗社区。社区内配幼教、商业、供水、污水处理、社区管理等公用设施和功能配套房，并聘用专职人员定点定时收集、清运生活垃圾。村民入住后，将过上便利的城市生活。同时通过污水处理，使战旗村外排流水达到相关标准，这样在方便本村村民的同时，不影响周边群众的生活。

2009年，战旗村进一步完善本村的公共服务体系，在社区修建标准化卫生服务站、便民服务站，并在文化大院内修建电子阅览室、书画室、排练厅等活动中心，同时聘用专职人员为村民提供服务。基本实现村民就医、办事不出村的目标。

访谈 2：战旗村通过民主建设提高公共服务

一是加强学习培训和宣传动员。首先，我们村两委干部一起认真学习了市委37号文件，先弄清楚村级公共服务和社会管理改革"为什么改、怎么改、改什么、改了有什么好处"等问题，对改革的目的、意义有了初步的认识和了解。然后，我们召开了社员代表、党员代表大会，对社员代表、党员代表进行培训；接下来，再召开社员大会，把村级公共服务和社会管理改革的目的、意义以及能给我们广大农民带来什么好处进行广泛宣传动员。同时，村上还组织村社干部和大学生志愿者挨家挨户地发放宣传单、问卷调查表600余份，在村社主要干道、路口悬挂标语十余幅，广泛宣传，做到家喻户晓。

二是编制实施方案和村庄规划。在广泛宣传动员的基础上，结合问卷调查反馈回来的群众意见和战旗村的发展需要，草拟了几个实施方案，把方案提请村民代表会议审议，经过激烈的讨论和几次来回的修改完善，最终形成了《战旗村公共服务和社会管理改革试点工作实施方案》，并及时进行了公示。同时，结合新型社区建设和产业发展，在广泛征求群众意见的基础上，编制了我们村的村庄规划，包括新型社区规划、现代农业产业园区规划、村内道路沟渠等基础设施专项规划，使我们给老百姓办实事的项目有了一个科学的规划指导。

三是搭建公共服务平台。我们村的公共服务平台主要由两部分组成：一个是在新型社区，利用规划建设的公建配套用房，在县级有关部门的支持和帮助下，前后用了不到一个月时间就建好了便民服务站、劳动保障工作站、卫生服务站、计生服务室，还安装了电子显示屏、电脑等设备；同时，我们还在新型社区建起了标准化社区幼儿园、便民超市、停车场、垃圾中转站等公共配套设施。另一个是利用原来战旗文化大院的场地，把文化活动室、广播室、图书阅览室、培训室等整合到一起，把文化大院建成了一个群众文化活动、学习培训的中心。另外，我们按照"一岗多责"的办法，统筹安排村干部、大学生在公共服务平台坐班服务。

四是开展好具体服务项目。充分发挥公共服务平台的作用，积极为广大村民提供行政代理、医疗卫生、就业培训、农业科技等优质高效的服务；同时，县级相关部门也积极在村上开展各类活动。今年以来，县劳保局在村上举办了绣花、焊工、家政等5期职业技能培训；县科技局举办了蘑菇栽培、大棚蔬菜种植等农业科技讲座3期；县卫生局开展了防治流感知识宣传活动等。在广泛征求群众意见的基础上，村上通过民主讨论协商的方式形成了20万元专项经费使用方案，确定了战旗产业化园区道路绿化、充实治保队伍等5件群众最急迫的项目组织实施。

开展村级公共服务和社会管理改革试点以来，我们最大的收获是增强了干部群众的民主意识，探索形成了民主管理的机制，群众得到了实惠，改革工作受到广大干部群众的普遍欢迎。

首先是村社干部的民主意识增强了。以前我们村社干部舍不得放权，总爱代民做主，总怕群众做不好，不敢放手让群众做主，因此虽然是好心为群众办事，但总有群众说这说那。开展村级公共服务和社会管理改革后，我们在去年开展基层治理结构改革的基础上，进一步健全完善村级治理机制，充分发挥村民大会、村民代表会议、户代表会议"三会"自治组织的作用，充分尊重广大农民群众的意愿，村内大事都由群众说了算，不再是由我们几个村干部说了算。比如，在确定20万元的专项经费如何安排使用时，我们就广泛发放问卷调查，征求群众的意见，汇总形成10个项目内容，最终村民代表会议审议形成今年先期实施的5个群众最急需的项目，交由村委会组织实施。

其次是村民的民主意识和自治能力增强了。以前村民有什么意见看法，没有顺畅的表达渠道，或者觉得说了也没有人理睬，所以就懒得说，参加会议、活动也不积极。开展村级公共服务改革以后，通过前期的宣传动员、征求意见，群众发现他们的一些意见建议得到了采纳，说的话有人听了，自然参与改革的积极性就起来了。比如，在我们新型社区分房的过程中，村两委原定是请公证处的公证员来现场公证，在村民代表会上，代表们否决了这个提议，提出分房公证可以按村民自治的办法解决，只要村民主监事会把整个过程监督好，完全可以把房分好，而且可以省去公证费。结果，通过代表们积极参与，组成分房工作班子，按照公开、公平、公正的原则顺利组织实施了分房，群众非常满意。为了充分听取基层群众的意见，仿照人大代表联名提案的方式，推行了"10名以上村民代表联名提案制",就是10个以上的村民代表联名提出一个提案,交给村两委联席会议讨论形成议案后,提请村民代表会议审议。比如,3月2日,村"两委"联席会议收到了村民代表任绪瑶、龙顺开等10人联名提议增加老年人活动经费的提案,并在3月3日召开的村民代表会议上审议通过,决定村老年活动经费每年增加到2000元,并纳入村公共服务和社会管理预算开支。这样,广大群众又多了一个表达民意的渠道,自然受到了群众的欢迎,村民的民主意识和自治能力得到了加强。

村内管理更加民主了。在制定实施方案、专项资金使用安排方案等具体工作中,我们总结出了"民主管理六步工作法",并在成立新型社区管理委员会等实际工作中推广运用,收到了很好的效果。①宣传动员。采取召开村民会议、发放宣传资料、张贴宣传标语等形式广泛宣传,做到家喻户晓。②征求意见。采取发放问卷调查表、召开院坝会、村民代表会议等形式,对村上要实施的项目内容、要做的一些大事,广泛征求群众意愿,力求充分反映民意。③形成议案。把群众提出意见建议进行梳理汇总,通过召开村级组织联席会议讨论,形成提交村民代表会议审议的议案。④议决公示。召开村民代表会议对村联席会议提交的议案进行充分讨论、票决通过,形成会议纪要,并在每个社对会议纪要进行及时公示,公示期为7天。⑤组织实施。村委会按照村民代表会议通过的决议,具体负责实施,并全程接受村民主监事会和群众的监督。⑥社会评价。在项目实施完后,村上就组织群众代表对项目的服务质量和效果进行评价,评价结果与公共服务项目资金补助和村干部评议挂钩。现在"民主管理六步工作法"已经成为我们村进行自治管理的一个基本工作方法,村内一切重大事务都严格按照这个工作方法来进行。

群众得到了实惠。改革试点以来,村民切身感受到了改革带来的许多好处。首先是村内的环境卫生得到了极大的改善。我们面向村内招聘十余名人员成立了专业环卫保洁队伍，分片区负责环卫保洁，实现了垃圾的集中清运处理。然后是村民办事方便了。公共服务平台的搭建完善，极大地方便了群众办事，实现了全程代理，有村民编了个顺口溜："办事只需填张表，符合政策干部跑；全程代理勤反馈，规范服务不收费"；群众一般的看病就医，在社区卫生站就能解决，而且收费还比较便宜；就业技能培训、农业科技知识也都送到了村上，送到了家门口；甚至连高档的超市都开到了村上，这些都极大地方便了群众，受到了群众的热烈欢迎。

访谈 3：基础工程和城乡环境综合整治工作情况

通过对战旗村村委会有关干部、典型农户家庭以及村民个人的访谈调查，我们总结出有关战旗村基础工程和城乡环境综合整治工作的具体情况如下：

1. 农村四大基础工程：农村产权制度改革、农村土地综合整治、基层治理结构改革、村级公共服务和社会管理。

2. 农村产权制度改革：采取实测颁证的方式，向农民颁发"四证"。

3. 农村产权制度改革颁发"四证"：承包权证、宅基地使用权证、房屋所有权证、林权证。

4. 农村土地综合整治工作目的是：改善农村居住环境，改善老百姓生产生活条件，改善农村基础设施配套。

5. 基层治理结构改革的目的是：把村上事务的"决策权、执行权、监督权、选择权"四权交给老百姓，达到还权于民的目的。

6. 基层治理结构改革：坚持村民大会、村民户代表会、村民代表大会"三会"制度及"党务、村务、财务、事务"

公开。

7. 公共服务和社会管理专项资金的管理和使用：坚持"六步工作法"，即宣传动员、征求意见、形成议案、议决公示、组织实施和社会评价。

8. 村级公共服务和社会管理改革：坚持财政下乡，人民决策。市和县给每个村每年至少 20 万元的公共服务和社会管理专项资金，具体实施什么项目由村民代表大会或村议事会来决定，坚持村民决策"定事"，公开公示"亮事"，民主监督"监事"，群众主导"评事"，让农民自己说、自己干。

9. 村级公共服务和社会管理改革：要搭建好"六站一室"的公共服务平台及配套功能，实行"全程代理服务"让老百姓"进一道门办一切事"。

10. 城乡环境综合整治：各村环卫队、治安巡逻队伍、保洁公司要和全镇老百姓一道全力搞好各村（社）、城镇环境卫生，创建整洁干净、秩序井然的小镇。

11. 城乡环境综合治理"七乱"：垃圾乱扔、广告乱贴、摊位乱摆、车辆乱停、工地乱象、河道乱污和违规搭建。

战旗村提供的优质公共服务是立足于战旗村村民现实所需情况，依靠村民自主治理，适时适度寻求郫县两委帮助，通过独立自主、自力更生的不断奋斗得来的。战旗村的公共服务和社会保障制度极大地提高了公共资源配置效率，统筹结合了城乡公共服务管理方式，为打造"全域成都"做出了探索和现行试点，具体可总结为：

第一，公共服务注重以人为本。战旗村的公共服务管理相关制度的建立实质上是加强民生建设。让村民喝上干净水，做饭不用烧柴火，都是战旗村为改善民生做出的有益努力。提供优质的公共服务，这代表着战旗村在满足村民基本生活需要的同时，将民生建设

图 6-1　战旗村有关发展工作理念的宣传

走得更远——文化大院和现代农业产业园的建立实质上就是保障农民追求精神文明和农业科技进步的体现。以上种种无一不体现出以人为本的核心治理理念。第二，公共服务依靠民主管理。开展村级公共服务和社会管理改革试点以来，战旗村最大的收获是增强了干部与群众的民主意识，探索形成了民主管理的机制，群众得到了实惠，改革工作受到广大群众的普遍欢迎。第三，公共服务供给树立综合全面发展意识。通过城乡生态、生产、生活环境的综合整治，实现城乡产业互补，要素资源的流动，增加农村就业和农民收入，促进城乡生态平衡发展，营造良好的投资环境。同成都市区一道，统筹打造"全域成都"的协调发展之路。

三　农村低保与社会救助状况：瞄准、覆盖与架构

农村低保和社会救助工作由于其烦琐性及注重公平的原则，一

直是农村工作的重点与难点。发放低保工作的首要一步就是有效甄别。本着公平、公正、公开的原则，战旗村开展农村低保家庭的瞄准工作。

表 6-3　　郫县唐昌镇战旗村 2011 年 12 月低保家庭

户主姓名	性别	年龄（岁）	家庭住址	家庭困难原因	家庭人口	家庭人均收入（元）	批准家庭月享受低保金（元）
周阳	女	20	战旗村2组	孤儿、学生	1	210	180
王光福	男	67	战旗村2组	无劳动能力	1	160	100
林国隆	男	87	战旗村2组	年老体弱，无劳动能力	3	240	138
易克友	男	63	战旗村3组	残疾，无劳动能力	1	160	100
胥文金	男	54	战旗村5组	无固定收入，家有残疾人	3	232	110
易奉立	男	32	战旗村7组	精神病患者	2	220	106
傅贵清	女	86	战旗村7组	重度残疾，常年卧床	1	210	128
林猛	男	42	战旗村7组	残疾，无劳动能力	4	247	78
王成德	男	59	战旗村1组	常年多病，无劳动能力	2	220	80
罗会培	男	59	战旗村3组	残疾，无劳动能力	1	160	100
易克长	男	75	战旗村3组	重度残疾，常年多病	4	245	242

从表 6-3 中，可以清晰地看到低保家庭的具体信息，包括：家庭困难信息、家庭人均月收入以及批准家庭月享受低保金。瞄准低保家庭，深入被帮助家庭，了解家庭出现困难的具体情况，并将现实情况如实反映到低保家庭花名册中。真实情况确认无误后，认真贯彻低保与社会救助的覆盖，让有困难的居民得到切实的帮助。同时，战旗村用扎实的实践工作，避免低保资金乱发的现象。

表6-4　　战旗村2012年80岁以上高龄老人生活补贴发放增减人员情况

填报村（社区）：	战旗村	村（社区）书记签字：高德敏			2012年9月	
一、本月新增人员情况						
序号	姓名	性别	年龄（岁）	身份证号码	家庭住址	
1	杜华方	女	80		战旗村1社24号	
2	余昌林	男	80		战旗村3社27号	
二、本月减少人员情况						
序号	姓名	性别	年龄	身份证号码	家庭住址	

备注：每月20日前经村（社区）书记签字并加盖公章后上报镇民政办（电子文档、纸质表一并上报）。

表6-4是战旗村向上级申请增加两位老人高龄补贴的材料。在社会救助与帮扶的工作中，落实动态管理原则实为不易，但是为确保低保资金的有效利用，战旗村根据实际情况，对低保资格认定"有退有进"，推进完善民政残联工作。

表6-5　　战旗村高龄老人生活补助统计（80—89岁）

姓名	性别	年龄（岁）	村（社区）组	是否独居	子女情况	发放金额（元/月）	备注
姜仕兰	女	81	唐昌镇战旗村9社	否	1个儿住战旗村、2女住郫筒镇	30	
易乃其	男	80	唐昌镇战旗村9社	否	1个儿住战旗村、1女外嫁	30	
汤顺英	女	83	唐昌镇战旗村5社	否	1儿本村务农、3女外嫁	30	

续表

姓名	性别	年龄（岁）	村（社区）组	是否独居	子女情况	发放金额（元/月）	备注
冯玉清	女	89	唐昌镇战旗村7社	否	2儿本村务农、3女外嫁	30	
刘鹤琴	女	83	唐昌镇战旗村5社	否	2儿本村务农	30	
王秀芬	女	88	唐昌镇战旗村5社	否	1儿本村务农、4女外嫁	30	
罗会鑫	男	83	唐昌镇战旗村9社	否	1儿本村务农、3女外嫁	30	
何明德	男	80	唐昌镇战旗村3社	否	3儿本村务农	30	
余昌福	男	81	唐昌镇战旗村1社	否	1儿本村务农、2女外嫁	30	
张福全	男	80	唐昌镇战旗村7社	是	2儿1女本村务农	30	
易惠群	女	80	唐昌镇战旗村3社	否	3儿本村务农、3女外嫁	30	
闵布芳	女	84	唐昌镇战旗村1社	否	1女本村务农	30	
姜志清	女	81	唐昌镇战旗村3社	是	2儿1女本村务农	30	
易丽华	女	87	唐昌镇战旗村2社	否	1儿本村务农、2女外嫁	30	
林国隆	男	85	唐昌镇战旗村2社	是	2儿本村务农、2女外嫁	30	
胡明清	女	80	唐昌镇战旗村2社	是	2儿本村务农、2女外嫁	30	
向香华	女	80	唐昌镇战旗村3社	是	1儿本村务农	30	
陈素华	女	80	唐昌镇战旗村8社	否	1儿本村务农、1女外嫁	30	
王万英	女	82	唐昌镇战旗村5社	否	2儿本村务农、2女外嫁	30	
林志龙	女	80	唐昌镇战旗村6社	否	1儿本村务农、2女外嫁	30	
李泽高	男	81	唐昌镇战旗村4社	否	1儿本村务农	30	

续表

姓名	性别	年龄（岁）	村（社区）组	是否独居	子女情况	发放金额（元/月）	备注
康光华	女	81	唐昌镇战旗村1社	否	1儿本村务农、2女外嫁	30	
傅贵清	女	86	唐昌镇战旗村7社	是	1女本村务农、2女外嫁	30	
程玉兰	女	80	唐昌镇战旗村4社	否	1儿1女本村务农、1儿住唐昌镇城区	30	
蒋志芳	女	84	唐昌镇战旗村2社	否	3儿本村务农、1女外嫁	30	
易乃彬	男	82	唐昌镇战旗村9社	否	1女已退休	30	
黄淑云	女	82	唐昌镇战旗村8组	否	3儿本村务农、1女外嫁		

2012年6月，郫县召开农村低保和扶贫开发两项制度有效衔接工作会后，战旗村开始了包括前期准备、对象识别、信息审核与录入、落实帮扶措施等七个阶段的农村低保和扶贫开发两项制度有效衔接工作。通过开展两项制度有效衔接工作，准确识别低保、扶贫对象，并对识别出来的贫困人口全部建档立卡，实行动态管理，针对贫困人口不同的致贫原因，制定切实可行的帮扶措施，对扶贫对象切实加大直接扶持的力度，努力做到对低保对象应保尽保、扶贫对象应扶尽扶。

四 推动农村基本公共服务一体化的经验：条件与政策建议

以往基本公共服务供给的非均等化及其在城乡之间的巨大差距，根本原因是制度分割和缺乏统一标准造成的结果（蔡昉，2006）。因为只有相关制度与服务标准做到城乡一体化，才能确保人力、物力、财力投入在城乡公共服务方面保持相对均衡。

(一) 整合相关制度和建立城乡一体化的公共服务体系

成都市通过整合相关制度，建立城乡一体化的社会救助、医疗保险、基本养老保险、公共卫生制度和就业服务体系等，使基本公共服务的均等化程度大幅度提升。同时，在战旗村的实践经验中，通过推行公共服务标准的城乡一体化，使基本公共服务的项目、程序、服务方式等在成都全域范围内有了统一的实施标准，在确保执行成都市统一的公共服务标准得到实施的基础上，郫县战旗村还根据本村居民需要与自身能力增加公共服务项目。基本公共服务相关制度与实施标准的一体化，消除了这些制度原先因城乡分割、群体分割而存在的歧视性与资源配置严重失衡现象，尽管城乡之间的差距并未完全消除，但城乡居民获得的基本公共服务确实在大步地向大体均等的方向迈进。如乡镇的政务服务中心、医疗卫生服务机构的服务半径大体相等，城乡居民获得相应的基本公共服务成本耗费亦不似过去相差很大。

因此，要推进基本公共服务城乡一体化，就必须实现相关制度与服务标准的城乡一体化，这是成都市的一条重要实践经验。从全国范围来看，基本公共服务项目中的基础教育、社会救助、就业培训、公共卫生都应当尽快实现城乡制度一体化，医疗保险制度可以从整合经办机构入手，逐步推进城镇居民医疗保险制度与新型农村合作医疗制度的合并，养老保险制度的紧迫任务是尽快实现制度全覆盖，同时还特别需要加快全市尤其是农村地区老年服务设施的建设，逐步实现各项老年福利服务的城乡均等化。

(二) 以村镇为重点，尊重群众的主体性：推进基本公共服务一体化的取向

一方面，可及性是城乡公共服务均等化的重要内容，提高公共服务的可及性就需要将公共服务的重心下移。社区是城镇中最基层

的组织，村镇是农村最基层的组织，而农村则是公共服务最薄弱的地方。因此，公共服务应当以社区和村镇为落脚点，向农村倾斜，将基层公共服务供给平台搭建在社区和村镇，以公共服务的可及性和便利性为追求目标。成都市在这个方面做出了有益的尝试，在村镇和社区搭建相对集中的公共服务供给平台，将各项主要基本公共服务的供给末端集中在社区和村镇，极大地提高了公共服务的可及性。

另一方面，促进基本公共服务均等化，必须确保政府主导的公共服务符合城乡居民的需要，构建需求导向型的供给体制，这就要求赋予城乡居民以选择权，充分发挥他们在公共服务提供决策中的主体性；具体而言，就是通过多种形式的利益表达机制、民主议事制度，在基本公共服务供给决策中实现程序民主，提高城乡居民满意度。

在推进城乡基本公共服务均等化的过程中，战旗村的经验是通过相应的制度安排与资源配置，尊重和发挥农村居民的主体性，让他们在村级公共服务和社会管理过程中自主决策、民主管理、民主监督，真正在村级公共服务提供中"当家做主"。

战旗村的实践告诉我们，基本公共服务的重心必须下移，在重心下移的过程中，必须遵循居民（村民）自治的原则和尊重群众的主体性，同时还要建立费随事转的公共财力保障机制。成都市的这种由受益对象民主决定专项公共服务资金使用方式的形式，对全国其他地区应当具有重要的借鉴意义。

（三）重视基础建设，强化相关制度配套

在实践中，基本公共服务的提供及其均等化，需要有相应的环境条件。例如，公共服务网点的布局需要有合理的规划作为基础，便捷的公共交通服务的提供需要科学规划布局和路网通畅，基础教育服务的均等化同样需要合理布局中小学校和均衡配备师

图 6-2　战旗村开展民主评议活动

资等。同时，不打破城乡分割的户籍壁垒，便不可能真正让城乡居民在公共服务方面享有平等权利；不明晰农村土地产权并使之流转，农民的土地资源便变得缺乏价值，城乡之间的双向流动也不可能真正实现。因此，基本公共服务均等化离不开相应的基础建设与配套。

　　成都市在统筹城乡发展的过程中，始终坚持规划先行，以制定和实施覆盖城乡的"全域成都"科学规划为龙头和基础，构建新型城乡形态，实现城乡规划一体化，并将公共服务规划作为城乡统筹规划的重要内容，既从制度、组织、财力以及地域空间等方面对劳动就业、医疗卫生、社会保障、基础教育、公共文化等基本公共服务进行城乡一体化的统筹规划，又将公共服务与产业发展、基础设施、身份转换等统筹城乡其他方面的工作通盘考虑。

　　在户籍制度改革方面，成都市通过多次改革，实现了城乡二元户籍制度向城乡统一居民户籍制度转变，使居民可以通过用脚投票来对区域间公共服务非均等化的改善形成倒逼机制，进而促进城乡公共服务均等化程度获得提升。

　　在农村产权制度改革方面，成都市通过建立"归属清晰、权责明确、保护严格、流转顺畅"的现代农村产权制度，创新耕地保护机制，推动土地承包经营权、集体建设用地使用权和农村房屋所有权流转，为推进基本公共服务均等化创造了有利条件。

此外，战旗村基本公共服务实践过程中将信息化作为推进基本公共服务均等化的重要基础工程来抓，实现了就业信息、社会保障信息、优质教育资源的广泛传播，用较低的成本提供了城乡均等的公共服务信息。所有这些，均为推进基本公共服务均等化奠定了很好的基础。

（四）继续深化户籍制度、管理体制、服务机制改革

在户籍制度方面，应当在现行城乡一元化户籍管理的基础上，彻底剥离附加在户口上的特定权益或歧视性限制，包括将农村土地产权进一步明晰后实现与农村户籍的分离（蔡昉，2010），真正实现户籍居民在成都全域范围内的自由迁徙。

在管理体制方面，应当充分利用作为国务院统筹城乡综合配套改革试验区可以先行先试的优势，本着合理、高效的原则重塑现有政府部门尤其是涉及城乡居民公共服务的职能部门的组织架构，在合理分工、集中监管、保持高效的条件下真正推行具有实质意义的大部门制，彻底扫除阻碍城乡统筹与基本公共服务一体化的行政因素。

在公共服务供给机制方面，还需要更加重视发展社会参与机制与市场机制的功能作用。一方面，应当立足社区与村镇，根据城乡居民的公共服务需求增加相应的社会组织，完善公共服务购买政策，让各种社会组织扮演提供公共服务的主体角色，全面满足城乡居民不断增长的公共服务需求；同时，还应当有目的地扶持一部分在不同的公共服务领域发挥枢纽作用的有一定规模的社会组织，让其成为协助政府承担公共服务的合作伙伴，并开展行

业自律，使各种提供公共服务的社会组织在规范的轨道上健康、有序发展。

(五) 推进相关制度的整合，促使基本公共服务均等化

将目前仍然分割的各项社会救助政策整合成统一的综合型社会救助政策，并覆盖所有城乡居民，消除城乡居民基本医疗保险的差别，实现城乡居民基本医疗保险制度的完全统一，并探索与职工基本医疗保险的有机结合，朝着统一的全民医疗保险制度迈进；建立城乡统一的住房保障政策，将政府的公共投入按照城乡合理布局的原则划拨；消除成都户籍劳动者的农业与非农业身份差异，按照同工同酬同制权的原则实现完全平等的就业政策，并强化劳动监察，提升就业质量；进一步完善统一的公共文化政策，将分割的文化、广播电视、新闻出版等资源有机整合，并与学校等进行协调，以促进公共文化大发展；出台统一的促进各项社会福利事业发展的政策，统筹推进全市城乡的老年人福利事业、残疾人福利事业、妇女儿童福利事业的健康发展等。如果能够在上述几个方面推进相关制度或政策的整合，基本公共服务均等化程度将持续提升。

(六) 培养公共服务类专门人才

公共服务是直接面向居民并满足其需求的服务，它同样需要相应的专业技能，尤其是面向老残妇幼的社会服务，更需要专业社会工作者。随着城乡居民对基本公共服务需求的增长以及对服务质量要求的标准提高，尤其是农村基本公共服务需求的快速增长，没有一支经过专业培训的公共服务队伍，不可能满足和胜任基本公共服务的发展需要。因此，应当及早进行公共服务类人才需求预测，制定相应的公共服务类人才培养规划，利用本地高等院校与职业技术学校和专业培训机构，并与现有的职业教育资助政策有机衔接，针

对农村特点建设一支有质量的公共服务专业队伍。同时，志愿者是公共服务领域不可缺少的一支重要力量，志愿服务也是当代社会文明程度的象征，应当制定相应的政策来引领居民热心参与志愿者服务，并在助他和互助中实现自助。

第七章

城乡一体化均衡发展的理论经验与启示

战旗村城乡一体化发展的实践与经验探索，从理论上可以归结为：坚持将统筹城乡发展规划作为依法行政、科学发展的基础，始终明确规划统领的地位，突出规划公共政策的属性，提升统筹城乡规划的理念。

实践经验做法可归结为：战旗村采取引导农民以土地承包经营权入股、村集体企业注入资金的方式，组建农业股份合作社，合作社逐步集中全村土地，采取自主开发和对外招商等方式，实现全村土地的规模化、集约化经营，农户从合作社获得稳定的"三种"收入：一是获得土地流转租金每年每亩土地的保底收入。二是在坚持"多积累，少分红"原则的前提下，对高出保底租金部分的50%用于持股农户再分红，实现农户第二次分利；余下的50%新增收益用于扩大合作社生产经营。三是农户可进入全村土地的规模化、集约化经营的非农产业园区成为农业工人，获得稳定的务工性收入。稳定的收入来源是土地集中和土地规模化、集约化经营的长期保障。

战旗村在城乡一体化发展过程中的主要理论经验和实践启示可以总结概括为以下五个部分。

一 城乡一体化实践发展的一般性与特殊性

战旗村地理位置相对独特,民风、文化也因独特的地理位置变得与众不同。战旗村城乡一体化的过程中,恰恰是这种地理位置的独特性带来了实践发展的特殊性:通过对土地综合整理、推进农业产业化、建设新型社区、建立文化大院实现村民自治与管理,实现战旗村融入到"全域成都"的大背景中,融入却又不失战旗特色。成都市在统筹城乡发展的过程中,实现了土地、资源、环境、劳动力以及资本的有效统一,共同促进了生产效率的提高。在工业化方面,集体经济和民营经济共同发展;在农业现代化方面,高端产业园的建立,实现了农业发展高附加值;在城镇化方面,"拆院并院"建立新社区,让村民过上了城市中的方便生活。

战旗村城乡一体化发展的实践与经验探索概括起来是:借助成都市城乡统筹改革试验区的政策配套和制度安排,借助政策的有利机会,有效利用了挂钩周转指标——农村拆旧区建设用地总面积,成都挂钩政策实践的经验不止于规模,还在于程度。由于建设用地在城乡间更大的置换半径能实现更高的级差地租和更多的农户土地流转收益,在成都的挂钩政策实践中,建设用地挂钩半径从最初村庄整理的村内使用建新地块,逐步扩展到跨村的集镇建新用地,乃至跨镇的城市建新用地(陈家泽,2008)。

战旗村城乡一体化实践发展的一般性,主要体现在对农村土地承包经营权实行确权,量化颁证到户,做到土地、台账、证书、合同、耕保基金"五个一致"的要求,由此以农户为单位明晰了农村土地承包经营权产权及其主体。在通过农地确权颁证明晰产权之后,农户之间就有条件在这一产权基础上进一步达成自愿与平等的农地利用。战旗村土地确权使农地使用权的转让和利用成为可能,包括农地承包权用于信贷抵押,使农户可以脱离原来的承包土地,释放了劳动力，农户不仅不失去其土地权益，相反增进了权益，因为农户从出租土地中收获了地租。农地使用权的转让和利用把劳动收入和地租收益分开了。农民不劳动，只要提供土地也能收获地租。将劳动和资源租金分开，随着土地要素的资产化，社会资本和金融资本进入市场，由此实现了与土地要素的对接。不仅如此，由于战旗村地处成都市市郊的独特地理位置，通过指标置换，集中整理的土地可以用于非农的生产目的，极大地发挥了土地的生产能力和利用效率，所以全社会的要素配置得到改善，总产出得以极大增加。

二 农村土地产权改革与制度创新

战旗村城乡一体化的发展经历所体现的一个十分难能可贵的经验是，在城乡统筹实践中，探索到一条既满足非农化、城市化用地需要，又防止征地引发利益冲突的新路。成都市自从2003年实施"三个集中"战略以来，通过实施农村土地和村庄整理，为城市提供了土地占补平衡指标，目的是将城市化带来的土地增值收益更多地向农村居民倾斜。继而，成都大力实施城乡建设用地增减挂钩政策，盘活农村闲置的建设用地，优化资源空间配置，为城市发展提供用地保证。2007年后，成都得到国家批准，成为全国统筹城乡综合配套改革的试验区。通过进一步调动农民积极性、主动性，形成了一套保护耕地的新机制。战旗村通过对原有农地的确权，保障全村所有村民的财产权利，增加农民的财产性收入，为缩小居民之间的权利和收入差距奠定了基础。从增加现存征地制度的弹性入手、逐步提高农民分享城市化收益、扩大集体建设用地直接入市，可以稳步实现中央提出的逐步缩小征地范围、扩大农村集体建设用地入市的战略方针，能够在推进城市化与保护农民利益之间找到现实的平衡点。

而且农村土地改革和制度创新的经验主要体现在：第一，战旗村土地整理与集中居住通过规范引导，努力搭建农业与非农用地，即城乡间建设用地流转的政策渠道，逐步形成"城乡建设用地增减挂钩"政策。第二，充分发挥村镇一级集体职能，为城乡统筹提供公共服务，以土地占补平衡挂钩政策为主要平台推进城乡统筹和土地制度改革，村集体既要负责制定政策、编制规划、审核项目、组织施工、调处纠纷、监督检查，又要负责动员农户、筹集资金、招标工程、管理工程、调整土地、建设住房、物业保障等。第三，根据现行以征地制度为基础的土地制度，凡涉及农地转为城市建设用地的，须由政府先把农民的集体土地征为国有，完成一级土地开发后，再按用地类型，以招标、拍卖、挂牌等方式，一次性转让相应年期的使用权，并对农民永久放弃集体土地权利进行一次性补偿。为取得国有建设用地，用地方需一次性付出数额巨大的土地出让金。战旗村将集体建设用地通过流转建设工业和非农产业园区。在这种模式下，农户将土地承包经营权集中起来，农户每年获得约定的租金。第四，在一定范围内探索深化农村土地制度改革，取消城乡户籍隔离制度，战旗村的城乡统筹发展模式在鼓励农民进城成为市民的同时，也允许城市居民在战旗村购置农村宅基地和农宅到农村安居。

三　坚持城乡统筹规划的统领地位

第一，战旗村坚持城乡统筹规划的民主化，打破传统自上而下的规划模式，坚持整体、市场、动态观念相结合，坚持自上而下引导与自下而上诉求的平衡，依托新型村级治理机制和基层民主制度，采用"协商式"方式，重视地方政府、村集体和农户多元主体的利益诉求，充分尊重村民意愿，由村民自主确定社区、村镇各类公共服务设施的内容选择、建设时序和实施方式，保障农村居民享有更充分的社会福利和更有力的权利保障,大幅度提高了基层公众参与城乡规划的积极性和满意度。这也是确保城乡统筹规划在农村和基层有效发挥统领作用的社会基础。

第二,战旗村在统筹规划的重心、管理架构、规划体系、标准设定等多个方面同步推动公共资源更多地向农村社区倾斜,引导生产要素更多地向农村集聚,加快城乡公共设施和基础设施一体化建设,改善了农民生产生活条件,村民幸福指数和生活满意度大幅度提升,奠定了战旗村长期可持续发展所需的社会基础和制度基础,有效缩小了城乡差距,使城乡一体化进程真实推进。

第三,战旗村统筹规划的核心是土地向规模经营集中,稳步实现农村产业现代化。充分利用成都市政府出台的相关配套政策,依借政府搭建的农村土地流转平台,创新流转方式,推进村集体农用地向规模经营集中。通过转变农业生产方式,大幅度提高农业生产效率,促进农村服务业的规模化发展,有效推动了农村产业现代化进程。以此为基础,稳步缩小城乡产业效率差距,促进城乡经济一体化。

四 村级公共服务和社会管理与农村基层民主治理

战旗村以实现基本公共服务均等化为突破口,破解长期以来形成的城乡二元困境。在村庄一级通过村民民主参与,实现村庄的有效共治,是战旗村城乡一体化发展的一个关键问题,通过实施与成都市区标准的基本公共服务实现了村级公共服务与社会管理。战旗村村级公共服务和社会管理总结起来:以村集体的投入,通过基本公共服务项目运作,实现民生与民主的有机结合,达到了促进村民生活与基层治理结构的双重改善。

战旗村村级公共服务与社会管理相互促进的核心概括起来:项

目由村级自治组织具体实施，依据民主决策、自主建设、严格监督的原则，村民（代表）会议决定专项资金的使用、管理和监督。在实践中，民主管理机制主要包括三个步骤：首先，民主议定项目。通过村干部走访摸底、问卷调查、投票记分等方法，由村民集体决定项目内容和实施次序，最大限度地实现公平与效率的平衡。其次，民主监督项目。村民选举产生的村民议事会或监事会，定期对项目的实施和经费的使用进行监督和管理。最后，民主评议项目。所有完成的项目都要经过"三评"："一评"是否达到合同要求；"二评"村民是否满意；"三评"如何改进提高。在民主管理机制的建设中，充分发挥村民的主动精神和实践智慧，鼓励促进民主决策、加强民主管理的机制创新。

战旗村村级公共服务与社会管理模式特点可概括为以下四点。

（1）"经济市场化、管理民主化、社会公平化"，这既是成都市统筹城乡发展的基本目标，也是战旗村村级公共服务和社会管理的基本原则。一方面强化各级政府提供农村基本公共服务的责任；另一方面积极推动从"经济发展"向"公共服务"和"社会管理"的逐步转变，努力理顺村级自治组织与集体经济、社会管理和公共服务组织之间的关系。只有放手赋权，村民才能实现积极参与，形成基层民主治理的局面，也才能打破原有体制下公共产品供给偏向城市的利益格局，真正创新农村公共产品供给机制。

（2）推进城乡基本公共服务均等化，需要确立重点向农村倾斜的原则，加大政府对农村公共产品的转移支付。战旗村村级公共服务得益于成都市构建公共财政保障机制，要求各级政府将村级基本公共服务和社会管理经费纳入本级财政预算，设立村级公共服务和社会管理专项资金。与许多经济发展水平相似的村庄相比，战旗村村级公共服务与社会管理的发展和取得的成效，主要原因在于成都市在加大对农村公共服务和社会管理的投入方面走在了前面，力度显然要大得多，举措也要实在得多，为各地城乡统筹工作提供了一定的经验借鉴。

（3）战旗村村级公共服务和社会管理实行分类供给机制，将村级公共服务和社会管理分为文体、教育、医疗卫生、就业和社会保障、农村基础设施和环境建设、农业生产服务、社会管理七大类。并对各项供给内容、供给主体、供给方式等做出进一步规定，区分政府（集体）、市场、社会在公共服务和社会管理供给中的责任。突出抓好村民最关心、最需要的基层公共服务和社会管理工作，改善了村级基础设施建设长期滞后、公共服务供给严重不足的局面。

（4）战旗村村级公共服务的分类供给，是由村自治组织提供的服务和管理项目，按照村民自治的原则，由村民大会或村民代表大会或村民议事会自主决定服务的内容和方式，村委会负责具体组织实施。在实践中，把农村产权改革中出现的村民议事会这一村民民主决策机制制度化、规范化，使之成为村民大会的常设机构，对相当广泛的村庄事务拥有决策权和监督权。同时，像战旗村这样的基层民主管理机制得到了成都市的积极鼓励。

随着农村产权改革、农业经营模式的变化，农村利益主体分化，利益关系日益复杂和多元化，农民自主意识提高，对基层政治参与的诉求增强，传统的"两委一会"已经难以适应这一新形势。集体财产管理、公共物品供给，必须创新农村公共治理结构，通过加强基层民主的途径，确保在公共服务决策过程中农民的主体地位。唯其如此，才能真正实现公平原则，并对资金、项目过程进行有效的监督。以"村民议事会"为特色的治理结构代表战旗村基层民主建设的新模式。议事会的制度设置具有合法性和代表性，并兼备可行性和在村民（代表）会议授权范围内行使村级自治事务决策权、监督权。

不仅如此，村级公共服务和社会管理改革对于农村基层民主起到了积极促进作用。"民生带动民主，民主保障民生"，战旗村公共服务和社会管理与农村基层民主二者相辅相成、相互促进，由此也构成了战旗村城乡统筹发展模式的一个突出特点，不仅有助于改善农村的基础设施和生活质量，提高村民的可行能力，为农村经济社会发展奠定了良好基础，而且围绕村级公共服务专项资金使用的相关建设，促进了农村自治与民主化管理，提高了村级基层治理能力。正如调研中获得材料所显示，尊重农民意愿、尊重农民自主决策的风气已经在战旗村形成。现在战旗村村级社会管理有议事会，支部审查议题，怎么办由议事会说了算，具体的事由村委会去做，做得好不好村民说了算。党支部脱离直接实施干预，老百姓也认为村上办事更公道了。因此，战旗村的一个启示是：村民对重大公共事务的民主参与决策不仅是在维护公平，而且也是提高公共物品投放和使用效率的保障。

五 涉农投融资创新与实践

通过农村产权改革、依借战旗现代农业产业园区、第五季·战旗田园村等产业园区的建成，战旗村从农业生产经营向涉农投融资的现代产业体系发展。

战旗村投融资创新实践的核心是发展和完善农村市场，在这个过程中坚持尊重市场，创造市场，维护市场，为市场开道，为市场铺路。在实践过程中，尊重农民意愿，促进农民的自组织，让农民真正成为市场的主体和农村城乡统筹发展的动力。战旗村以农地确权为代表的农村产权制度改革完善了农村市场的微观基础，激活了土地、资本和农村劳动力三大生产要素，优化了农村的资源配置，解放了生产力，增进了农村经济活力和效率。

在土地综合整理方面。分散小农与小片农地相结合的生产方式，不符合现代农业发展的要求，也导致社会资本和金融资本与小农土地经营对接的交易成本过高（陈家泽，2009）。战旗村利用"耕地增减挂钩"政策创新农村宅基地整理模式，改善农村居住环境和公共服务。通过使村民集中居住、宅基地复垦后，农用地更加易于流转与集中，通过土地合作社、租赁等不同流转方式对农用地进行综合整理，进而实现与现代农业模式的对接。

通过投融资创新实践，战旗村实现了居住社区化，即小城镇、农村新型社区发展加快，使村民获得了更多公共服务，生活条件得到了实质性改善；土地规模化，降低了交易成本，实现了社会资本、金融资本与土地经营的对接；农业产业化，战旗村的现代农业发展加快，使社会资本与金融资本积极参与，全村农业增长加速，产业结构得到有效提升；农民收入多样化，包括出租土地，打工收入和股权分红。战旗村的农民人均收入增长较快，工资收入比重不断增加，城乡收入差距在不断缩小。

参考文献

1. 蔡昉、陆旸：《调整人口政策对中国长期潜在增长率的影响》，《劳动经济研究》2013年第1期。

2. 蔡昉：《城乡统筹：理论和历史的解释》，《中国乡村发现》（第13辑），2010年。

3. 蔡昉：《贯彻落实科学发展观 统筹城乡发展》，《中国经贸导刊》2009年第2期。

4. 蔡昉：《户籍制度改革与城乡社会福利制度统筹》，《经济学动态》2010年第12期。

5. 蔡昉：《"工业反哺农业、城市支持农村"的经济学分析》，《中国农村经济》2006年第1期。

6. 蔡昉：《城乡收入差距与制度变革的临界点》，《中国社会科学》2003年第5期。

7. 蔡昉：《中国农村改革三十年——制度经济学的分析》，《中国社会科学》2008年第6期。

8. 蔡昉：《城乡统筹：实践推进的着力点在哪里?》，《光明日报》2010年10月13日。

9. 陈家泽：《产权对价与资本形成：中国农村土地产权改革的

理论逻辑与制度创新——以成都试验区为例》,《清华大学学报》(哲学社会科学版) 2011 年第 4 期。

10. 陈家泽:《土地资本化的制度障碍与改革路径》,《财经科学》2008 年第 3 期。

11. 童洁、李宏伟:《村级农业产业化经营体系的变迁路径分析——基于成都市郫县战旗村的实证研究》,《西南石油大学学报》2015 年第 3 期。

12. 王伟博:《成都求解农村"未来之路"》,《中国新闻周刊》2009 年第 8 期。

13. 高阔、甘筱青:《"公司+农户"体系:一个文献综述》,《经济问题探索》2012 年第 2 期。

14. 蔡昉、程显煜:《城乡一体化:成都统筹城乡综合配套改革研究》,四川人民出版社 2008 年版。

15. 周其仁:《城乡中国》(上、下),中信出版社 2014 年版。

16. 陈家泽:《成都探索"土地银行"》,《决策》2009 年第 9 期。

17. 程开明:《从城市偏向到城乡统筹:城乡关系演进特征研究》,浙江工商大学出版社 2010 年版。

18. Cai Fang and Lu Yang, "Population Change and Resulting Slow-down in Potential GDP Growth in China", *China & World Economy*, 2013, 1.